邪気払いの法則

銀座アルケミスト店主
エネルギーワーカー
山崎偉晶

アスコム

はじめに

何をやっても、
うまくいかない

散財している
つもりはないのに、
なぜか
お金が貯まらない

家族となんだか
うまくいかず、
ギスギスしている……

恋人に振り回され
疲れてしまい、
長く続かない

仕事がうまくいかず、
上司やお客様に
怒られてばかり

将来に対して
漠然とした不安がある

こんなふうに、人生や仕事において、悩まれている方も多いと思います。

そんな悩みごとに対し、自分で何とかしようと思っても、なぜかうまくいかずに、行き詰まってよけいに苦しんでいる方もいらっしゃるかもしれません。


思い当たる方は、**自分で気づかぬうちに邪気をまとっている**可能性があります。


邪気とは「ネガティブなエネルギー」のことです。

曖昧で分かりづらいでしょうか。では例えば、

「人間関係がギスギスした環境にいるとなんだか嫌な感じがする」、

「会議で話が進まない重い雰囲気の空間にいると、何か空気がよどんだ感じがする」といった感覚を覚えたことはありませんか。


これらはほんの一例ですが、とにかく、**自分の居心地が悪かったり、気分を害したりするようなものは、あなたにとっての邪気**だと捉えていいと思います。

邪気は、何気ないところから生まれてきます。

例えば、**人間どうしの交流。**

誰しも、誰かに対して怒ったりすることがあると思います。ときには、憎んだり、呪ったりすることもあるかもしれません。そこまで大げさではなくても、職場や家庭で、小言を言いたくなることはあるでしょう。

こういった些細なことが積もり積もって、邪気がつくということがあるのです。さらには、**邪気を好む悪霊を呼び寄せてしまうことも起こりえます。**

自分が好きな人間と好きな話をして、いつも機嫌よく過ごせれば最高でしょう。でももちろん、社会活動を営む以上、そういうわけにはいきません。

ではどうすればいいのでしょうか。

ついてしまった邪気を自分で払うことが重要になってくるのです。

邪気がついてしまう原因はいろいろあります。

一方で、**邪気を払う方法はとてもシンプル。誰でも簡単に実行できることばかり**です。

邪気を払えば、降りかかる厄災から自分を守ることができます。悪霊を寄せつけにくくもなります。

そればかりか、高級霊を味方につけることまで可能になるのです。高級霊は誰にとっても、**自分の人生の応援団的な存在ですから、運がさらに開けるケース**も当然起こります。

ではここで、邪気を払ったことで不思議なことが起きた方々の体験談を、いくつかご紹介しましょう。

邪気を払って、こんなことが起こりました！

40代・女性
（主婦）

自宅が霊道（霊の通り道）になっていたのに、邪気を払ったら霊道が消えた！

今の家に住み始めて10年近くになりますが家族共に不運続きで、いろいろと試しましたが何も変わりませんでした。知人の紹介で能力者に見てもらったところ**自宅が霊道になっているそうで、家を売って引っ越すか土砂加持が必要**だと言われました。確かに霊感が強い母と娘は夜中に幽霊を見たことがあると言っています。しかし、自宅の邪気を払ってから3ヵ月。**明らかに運気が好転。能力者に再度見てもらったところ霊道がずれて自宅からは消えた**そうです。

40代・男性
（個人投資家）

金運が絶好調！ FX・株・実業全てがうまく回りだした

邪気を払ってから、**FXでは連戦連勝**、塩漬け状態になっていた不動産会社の株も原因は不明ですが、2日後に**40円台から50円台と急騰**しました。おまけに実業でも新規取引案件が決まり、**金銭面での強いサポート力を実感しています。**

50代・女性
（主婦）

あんなに言っても聞かなかった息子が自ら塾に行きたいと言い出した！

とてもいい変化が出ています！ **これまで息子は全く勉強しなくて困っていたのですが、自分から塾に行きたいと言い出した**のです……相当驚きました！これまで塾へ通うようにずいぶん言い聞かせていましたが全くダメで、勉強はできる子なのにもったいないと思っていましたが、助かりました。ありがとうございます。

30代・男性
（会社員）

低迷していた営業成績が、約1ヵ月で1位に！

大手保険会社で営業職に就いています。ライバル間の熾烈な争いの中、足の引っ張り合いや妬みなどもあって営業成績がここ何年も低迷していました。しかし、邪気を払ってから**約1ヵ月で営業所内で1位**となりました。以来、**成績は上位を維持**しています。

＊体験談は個人の感想です。

いかがでしょう。普通は、邪気を目で見ることができませんから、なかなか信じられない人もいるでしょう。でも、邪気を上手にコントロールすることが運を開くことに確実につながるのは本当です。私はそういった事例を何度も目にしてきました。

あなたも**邪気を払い一歩踏み出すことで、人生をよりよいものにしていきませんか。**

ご挨拶が遅れました。私は東京の銀座にあるスピリチュアルショップ「アルケミスト」の店主、山﨑偉晶《やまざきひであき》と申します。エジプトのピラミッド、長野県伊那市の分杭峠《ぶんぐいとうげ》、ペルーのマチュピチュ……世界各地の霊的パワーを転写したスピリチュアルグッズを制作・販売して12年があっという間に経ちました。

顧客には、宗教者や霊能者を筆頭に、霊的感度の高い方が多くいる一方で、スピリチュアルな世界に興味を持ち始めたばかりという人もいらっしゃいます。

新型コロナウイルスでもその一端が明らかになったように、**今の時代は邪気に満ち溢れています。**つい最近までは全く気にしていなかったような人が厄払いをしたい、清めたいといった目的でパワーグッズを購入されたりもします。

お金や仕事に悩んだり、人生につまずいたりして、なにかに導かれるように店の扉を開ける人もいます。

そして皆さんの気持ちを色々と店頭で聞いているうちに、**「邪気」を払うことができれば不安や悩み、苦しみの解消に大いに役立つ**のではないかと思い当たったのです。私は霊能者ではないので、霊視や除霊などはできませんが、邪気払いの方法をまとめることで、本書が少しでも皆さんの救いになることを願っています。

また、**スピリチュアルな世界に興味を持ち始めた人にとっては、見識が拡がるような意味合いを持つようにもしたい**と考えました。そこで本書は邪気払いの方法を紹介するだけでなく、私がこれまで体験したり見聞したりしたことも盛り込んでいます。

霊的な存在やエネルギー、摩訶不思議な現象に少しでも興味をお持ちの方に手に取っていただき、楽しみながら人生をよりよいものにしていただけたのなら、私にとってこのうえない喜びです。

銀座アルケミスト店主　山﨑偉晶

CONTENTS

第3章 霊とうまく付き合い、運をたぐり寄せる

第4章 高級霊を味方につけるには？

第5章 悪霊と距離を置き、低級霊に振り回されないようにする方法

第6章 運をたぐり寄せる心構え

第7章 死ぬまでに訪れてみたい、世界中の聖地

第8章 これからの時代に自分を最適化する方法

第9章 あなたの知らないディープでスピリチュアルな世界

特別編

世界の聖地のパワーを転写！ピラミッド・マチュピチュ＆ナスカ・ルルド・分杭峠オリジナルパワーフォト

第 1 章

自宅を
パワースポットにして
邪気から
自分を守る方法

邪気に満ち溢れた世の中から身を守るには、
自宅をパワースポット化することが大変重要です。
なぜなら、自分のエネルギー体が自宅にも存在するから。
まず自宅に結界を張りましょう。
そして、香りやハーブの力を借りて
その効力をより高めていきましょう。

自宅を邪気から守り　パワースポットにする「結界」とは？

世の中は、皆さんが思っている以上に邪気に満ち溢れているということをご存じでしょうか。

邪気と言われてピンと来ないという人も、たとえば、こんなことはありませんか？　なんとなく気持ちがふさぐ、原因はわからないけど体調がずっと悪い……。大したことはないと思って何の手当てもしない人もいるでしょう。病院へ行っても、原因がよくわからない、ということもあるかもしれません。

体調が悪かったり、気分がいまひとつ優れなかったりするのは、自分の体や心だけの問題ではありません。

自分では気づかないうちに誰かから恨まれたり、嫉妬されたりしていることが、それら不調の真の原因かもしれないのです。そうした邪気の影響を知らず知らずのうちに受けることで様々なネガティブな現象を招くことは今、決して珍しいことではありません。

では、私たちは何をすべきでしょうか。

まず自分の身をパワーグッズの力で守ることは必要です。そして、私がお勧めしたいのが、自宅をパワースポットにすることで、そういったネガティブなエネルギーや念、目に見えない邪魔から自分を守るという方法です。

パワーグッズを身に着けることで自分に降りかかる災厄から身を守るだけでなく、自宅を守ることが非常に重要になります。なぜかというと、**自分のエネルギーというのは自分自身にはもちろんありますが、もう一つ、住んでいる自宅にもあるから**なのです。

例えば、引っ越しをした当初になんだか落ち着かないと思うことがありませんか。あれはなぜかというと、自分の幽体（アストラル体）というかエネルギー体の引っ越し

自宅に結界を張るなら基本は“三角形”

が済んでおらず、まだ以前の場所にいるからです。自分のエネルギー体の引っ越しには、半年くらいかかるといいますね。

ポイントは2つ。

ポジティブなエネルギーを自宅に招き入れること。

そして、自宅の邪気を払うことです。

実際に自宅に結界を張るなら、水晶やジェネレーターを最低3ヵ所に置くのが良いです。 1ヵ所では点ですし、2ヵ所なら2点を結んで線になりますが、3ヵ所に置くことで初めて3点を結ぶ面になるからです。**その3点に囲まれたところが結界とい**

うことになる。

ちなみに本書もパワーグッズなので、3冊を3ヵ所に置くと、結界を張ることができます。

真言密教の護摩壇は、四隅に結界を張って四角形にしています。陰陽師の魔除けの呪符には、五芒星や七芒星があります。これらの図形はすべて三角形に分解できることからも、結界というものは三角形が基本となるのですね。

風水的には、**玄関がやはり重要になります。**そして、**水を使う場所として、食べ物を扱う台所。あとは寝室やリビングなど、自分が長い時間を過ごす場所の3ヵ所に置くのがお勧め**です。

お客様の中には、家に結界を張って、2軍から1軍に上がって活躍している現役のプロ野球選手がいます。

選手のお母さまが直接のお客様なのですが、最初にジェネレーターを1個購入された。しばらくしたら、また来店されて、枕元に置いて寝たら不思議な夢を見たので、もしかしたら息子に良い効果があるかもしれないと言われました。今度は3個を買って帰られて、息子さんのマンションに結界を張ったそうです。そうして1ヵ月後くらいにまたお母さまが来店されたのですが、おかげさまで1軍に昇格したと報告してくれました。その月の打率成績はとても良かったことを覚えています。

結界を張って、邪気や自分に対する攻撃的なネガティブエネルギーをブロックすることで、運気が上がったり、願望が現実化しやすくなったりするのです。自宅に限らず、会社や店舗に結界を張ることで、業績が上向いたり、会社が成長したりするなど、良い効果が得られるケースも多いです。

また、自宅で心霊現象が起こったり、家族が病気がちだったり、事故によくあったりするといった災難続きで参っている場合、自宅に霊の道、いわゆる霊道が通っていることがあります。賃貸ならまだしも、購入した家ですと、なかなか引っ越しをするのも難しいでしょう。マンションの場合は一戸建てと違って、土地を浄化するというのも簡単ではありません。そういったときに、**強力な結界を張ることで自宅に通っていた霊道がずれるということもある**のです。

プロの能力者も自宅に結界を張っています。意外と同業者から霊的攻撃を受けることがあるので、より厳重に結界を張っていると言ったほうが正しいです。呪術師がある人に呪いをかけようと思った場合、相手は動いているのでなかなかかけづらい。そこで、その人の自宅を攻撃するわけです。

ですから、二重三重に結界を張る能力者も少なくありません。厳重に結界を張って防御していても、攻撃されるのでしょう。結界を張っていたジェネレーターに穴が開いている写真を送ってこられて、交換すべきかという相談を受けたこともあります。

なお、結界を張るのに盛り塩を使うということはありません。盛り塩にも効果はありますし、実際に当店の入り口にも盛り塩をしています。塩には浄化する力があるので、先述したプロ野球選手もポケットに塩を忍ばせているそうです。**野球場って実はとても邪気にあふれているのですね。**

野球場は実は邪気まみれ!?

盛り塩は玄関から入ってくる邪気を軽減するのに役立てます。使う塩は天然塩ですが、ひんぱんに交換する必要があります。当店の場合は、1週間に1回換えています。諸説ありますが、5日から10日に1回交換することになっています。邪気や幽気を多く吸うと塩がベトベトになるので、その場合は水に流してすぐに交換してください。

一方で結界を張った場合は、20〜30年は持つと言います。**平安時代の陰陽師である安倍晴明のような大能力者が張った結界は1000年経った今で**

も効力があるそうですから、相当なものですね。

自宅から高級霊にアクセスするために必要な準備

突然ですが、クイズです。お坊さんの仕事ってなんだと思いますか。

答え：お経と掃除

つき詰めると、この二つなんですね。お経を読んだり書いたりする以外は、掃除がすべて。寺でも神社でもそれは変わりません。私の知り合いのお坊さんは皆、そう言います。実際のところ資金力のあるような有名な神社や大きな神社を見ると、境内は掃き清められ、床は磨きあげられており、いつもきれいにしているのがわかりますよね。伊勢神宮が20年に一度、建て替えることだって、きれいにすることが当たり前になっているからではないでしょうか。

なぜこのようなお話をしたかと言うと、**自宅に結界を張ってパワースポット化するのにも、まず掃除をする、家の中をきれいに整えておくことは基本になるということをお伝えしたかったのです。**基本的にパワースポットと呼ばれる場所で汚いところはありません。もちろん、掃除をしたからいい、掃除をすれば家がパワースポットになるというわけではないですが、それでも、きれいにすることが非常にプラスに働くことに間違いはありません。

大きな寺に行くと、参拝する前にまず線香がたくさん焚かれている所があって、その煙を浴びるということをします。あれは常香炉《じょうこうろ》と言いますが、線香の煙で心の汚れ、邪気を払っているわけです。神社の手水舎《ちょうずや》で参拝前に手や口を水で清める作法も同様です。

邪気を払うことで運が入ってくる。運に味方をしてもらうには、まず自分をきれい

にしなくてはならない。そうするための仕掛けは、家の中をパワースポットにする際にも有効です。

α波の脳波が出る香りで家中を満たす！

お寺であれば、線香やお香の香りが常にしていますよね。カトリックの教会でもクローブ（チョウジ）を焚いてミサに使用しています。**世界中の宗教的な儀式を見ても、香りというものは欠かすことができないファクターとなっています**。

科学的に見ると、コンマ何秒かのうちに香りが脳に訴えかけることがわかっています。**香りをかぐと、脳波がすぐに影響を受けて変化する。人の意識に香りがダイレクトに働くわけです**。香りというものは、厳かで密やかな宗教的儀式との相性がいいわけですね。

当店でもお香は人気です。私は人工的ではない天然の香りをお勧めします。**α波の脳波が出ることが科学的に実証されているラベンダー**がリラックスできて良いのではないでしょうか。

注意していただきたいのは、お香を焚くときには窓を開けて換気をすること。**どんなに寒いときでも、自宅の一ヵ所、少しでも良いので窓を開けるようお客様にはお願いをしています**。なぜかと言うと、**煙って邪気があるほうに行く**んですね。特にパロサントやホワイトセージといった浄化する力の強いお香を焚くと、お香の煙が邪気を吸うので、その邪気ごと煙に出ていってもらわなくてはなりません。

少し話は変わりますが、現実と夢の間を行き来するような脳の状態を変性意識と言いますが、そのような意識下に入るためには**香りだけでなく音楽も有効です**。といっても肩に力を入れる必要はなく、要は自分がリラックスできる環境を香りや音楽でつくることがプラスに働くと考えるだけで十分だと思います。

日常の邪気にまみれた状態からすぐに高級霊のような高次元の存在とつながることはできません。高次元の存在とつながるには、まず自分や周囲の環境を浄化することと。そういった悪しきものを排除することに意識を向けることが大事になるわけです。

空気がきれいになり魔除けにもなる"最強ハーブ"とは？

最新の研究で、**植物が動物たちと同様に超音波や電気信号、揮発性物質などを発して会話をしていることがわかっています。**植物間だけでなく、動物や虫、菌類といった周囲ともコミュニケーションを取っているのです。植物にも感情がある。植物もストレスを感じている、などとも言われます。

それに通ずるものがありますが、**なにかとんでもない不幸な事件が起こったときなどに、その部屋の中にあった観葉植物が枯れたという話もある**のですね。日当たりのいい所に置いて、水や肥料をこまめに与えていたにもかかわらず、突然に枯れてしまうということが起こる。これは植物がネガティブなエネルギーを受けているということです。

ですから**自宅に観葉植物を置いて生育状況を観察していれば、自宅のエネルギーの状態を知ることができる**わけです。実際、邪気にまみれた人の部屋に置いてある観葉植物ですと、葉が汚かったり、病気になっていたりといったことが起こります。急に枯れ始めたから、何事かと思ったら、そこに住む人ががんを患っていたとか、そんな話も耳にします。

さて、ここで突然ですが問題です。自宅のエネルギー状態のバロメーターとして観葉植物を置くなら、どんな植物が良いと思いますか？

①サボテン
②エアープランツ

③葉がついているものならお好みで

①も②もインテリアとして人気ですが、**答えは③になります。**まず葉のある物が良いのですね。

たとえば**変な虫がついていないか、変色していないか、など葉の生育状態を見るのが自宅のエネルギー状態を知るのにわかりやすい**と思います。エアープランツでもいいのでしょうが、葉ぶりが小さいものが多いのが難点になります。サボテンはこの場合には、向きません。

ハーブでいえば、ホーリーバジルがスピリチュアル的には最強だと思います。

お茶として飲むことはもちろんのこと、ホーリーバジルはインドでは殺菌作用、鎮痛作用などがあるハーブとして、アーユルヴェーダにおいて数千年前から重用されてきた長い歴史があります。抗菌作用があるので部屋に置いておけば、空気がきれいになりますし、周囲の植物に虫がつきにくくなったりもします。

なにより、植物としては強い電気的エネルギーを持っていることもあって、**東洋で**

は魔除けとしても活用され、植物の神様とも呼ばれる存在なのです。ちなみに私は自家栽培のホーリーバジルを毎朝ハーブティーで飲んでいます。

硬貨・紙幣・クレカに宿る「お金の邪気」の恐ろしい影響

人が一生で得られるお金の総額は、もともと決まっていると聞いたことがありませんか。それは本当にその通りかもしれません。

例えば、サラリーマンとしてコツコツ働いて月々決まっていた給料を得ていた人に、宝くじの高額当選のようなことが起こると、その後の人生が波乱に満ちたものになるということがあります。

誰でもお金は欲しいものだと思いますが、仕事の対価として得るのではなく、**人をだましたり罪を犯したりして得たお金というものはいずれどのような形であるにせ**

よ、返さなくてはなりません。

インド発祥の宗教、例えばヒンドゥー教の概念として、業ともカルマとも言いますが自分の悪い業がついてしまっているお金というのがあって、そういうお金は返すことになっています。

一方で、無尽蔵に入ってくるお金というものがあります。**人に喜んでもらうことで入ってくるお金、世の中の役に立つことで社会貢献の対価として入ってくるようなお金は無尽蔵で限りがありません。**

こういったお金のことを宇宙のお金と言います。お金もエネルギーなのです。

人々を喜ばせる、世の中をハッピーにすることで得られるエネルギー、つまりお金には限界がないので莫大なものになっていきます。

グーグルやアップル、アマゾンといったビッグテックとも呼ばれる大企業を見るとよくわかりますよね。世の中を便利にして、社会の役に立つことで莫大な富を築いている。ただし、お金が欲しいという念で引き寄せたカルマのお金というのは、必ずどこかで清算しなくてはならないということです。

今は取り扱っていないのですが、天然鉱石をまぶしたパウダーを袋に入れて販売していたことがあります。邪気を吸うと変色して黒くなると評判になって、当時はけっこうな人気商品でした。

皆さん、それをポケットに入れて携帯するわけですが、財布の中に入れるという人も多かったです。**意外に知られていないことですが、お金にも邪気が宿るので気をつけたほうが良いのです。**

お金は不特定多数のそれこそいろいろな人が触るものですよね。お金は単なる紙ではありません。私の印象ではポジティブよりもネガティブなエネルギーを宿しています。人を騙して得たお金であったり、犯罪にからんだお金であったり、巡り巡ってきたお金ですから、どのような人を経てきたお金かはわかりません。よほどの能力者であれば、そのお金にどんなエネルギーが宿っているのかわかりますが、一般の人には不可能です。

だから、**変なエネルギーをもらわないためにも、財布を浄化したほうが良いのです。**

パウダーが黒くなると皆さん、それを交換しに来店されます。

いちばん早く交換に見えられたのは生活指導員の方でした。生活が困窮している人たちに会いにいろいろなところに行っては、邪気を浴びることがやはり多いのでしょう。1ヵ月でパウダーが真っ黒になっていましたね。

仕出し弁当の配達で毎日のように警察署の留置所へ行っていた人がお客様にいたのですが、独特な雰囲気で、配達するのが嫌で嫌でしかたがないと言っていました。その人のパウダーもすぐに黒くなっていました。

患者を看取ることが多い看護師の方もパウダーの交換サイクルがやはり短かったですね。だいたい3ヵ月でパウダーが真っ黒になっています。

タクシーの運転手さんも、いろいろな人を乗せるからでしょうか。邪気から身を守るために身に着けている人が多かったように思います。

よく銭洗弁天《ぜにあらいべんてん》でお金を洗うと、何倍ものお金になって戻ってくると言いますよね。でもあれは、お金を得たいがためではなく、お金の邪気を浄化するために行うべきものだと私は思います。

ですから私はお金だけではなく、クレジットカードも洗いますよ。硬貨も紙幣もクレジットカードも、どんな邪気にまみれているかわからないのでとにかく浄化したほうが良いのです。

ではその方法ですが、自宅に帰ってきて財布を浄化するというよりも、**普段から財布の中にパワーグッズを入れておくといい**と思います。私も実践していますし、お店でも財布の中に忍ばせておくパワーグッズは人気ありますね。

第2章

なぜ、エネルギーがあなたの人生を変えてくれるのか？

目に見えない霊的なエネルギーを味方につければ
人生をよりよいものに変えることが可能になります。
そのために必要な考え方とは？
パワーグッズとの付き合い方とは？
身近なケースだけでなく、古今東西の事例も参照しながら
紐解いていきましょう。

エネルギーが人生を好転させてくれる

第1章では、自宅をパワースポットにし、邪気を払う方法をお伝えしてきました。そのなかで、「エネルギー」という言葉が出てきましたが、邪気を払ったうえで、エネルギーを上手に利用することで、さらに運を開くことができるようになります。

この章では、エネルギーについてお話ししていければと思います。

エネルギーはあなたの人生を変えてくれるかもしれない存在です。

古今東西そうでしたが、神様や霊、縁起など、次元の異なる力に頼りたい――これからますますそういう方が増えていくのではないでしょうか。

事実、ここ最近はスピリチュアルな世界にこれまで興味のなかったような普通の人が厄払いをしたい、清めたいといった目的で私の店を訪れるようになっています。そして、目には見えないエネルギーによって、人生を好転させたケースをこれまでに何度も私は目にしてきました。

たとえばパワースポットに行って、何か自身のスイッチが入って、そのあとの人生が変わることはありますよね。私も、エジプトのピラミッドの中に入った瞬間はものすごいエネルギー（ビリビリくる）を感じたのですが、**その後スピリチュアルショップを開店する話が急浮上して、半年後には店舗の物件探しをしていたという経験**があります。

ここで私が言っているエネルギーというのは霊的なエネルギーのことです。そのエネルギーを石とかガラスとか金属だとか、そういった物に蓄えることができるという考え方は古来、世界中で伝承されているわけです。お客様には科学者の方も多いのですが、まだまだ解明されていない未知の素粒子やエネルギーがあると主張される方もいます。今は解明されていない現象を信じるか、それとも信じないのかという話でもありますが、**いずれは科学が追いついて今は未解明の現象が解明されることは十分にありえる**と私は思います。

寿命はたったの1週間!?
はかない霊的エネルギーを永続させるには？

しかし、この霊的エネルギー、人間がその恩恵を受け続けるには弱点があります。**人間の体は、外部からの強いエネルギーを石のように長く保持できないので、**ピラミッドのような**最強のパワースポットのエネルギーでも1週間たてば抜けてしまうのです。**

もともと人間の体の中にもエネルギーがあります。しかし、人間のエネルギーは小さく、ネガティブに振れやすいという傾向にあります。

そこで、パワースポットなどが持つ、大きく、ポジティブなエネルギーを保持するための物の力が必要になってくるわけです。エネルギーを保持できるパワーグッズを味方につければ、自分や身の回りのエネルギーを高めることも可能になります。それこそ、自宅をパワースポット化することだってできるのです。

旧約聖書で不思議現象を引き起こす"アロンの杖"

物にエネルギーが宿るという考えは、もちろん世界中にあります。

たとえばキリスト教ですと、聖母マリアに祈りをささげる際に用いるロザリオがあります。古代エジプトの神々は、持ち手つきの十字「アンク」を握っています。旧約聖書には、モーセの兄が用いる不思議な杖としてアロンの杖が出てきます。この杖ですが、疫病を流行らせたり、蛙の大群を出現させたり、ブヨやアブを大量発生させたりと不思議な杖です。

ちなみに、**日本のパワーグッズといえば、まず三種の神器があります。**日本最古の歴史書である『古事記』や『日本書紀』に記

誰も見たことがない!? 日本の秘宝"三種の神器"

されている「八咫鏡《やたのかがみ》」、「八坂瓊勾玉《やさかにのまがたま》」、「草《くさ》薙剣《なぎのつるぎ》」の総称です。**誰も見たことのない秘宝で、つまり封印されている**わけですね。天皇の皇位継承の際、皇室の即位式という重要な儀式においてさえ、本物ではなく形《かた》代《しろ》と呼ばれるレプリカを使うそうです。

また、**歴代天皇の即位の際の儀式で使われる神具に、天皇が手に持つ長さ40㎝ほどの板状の笏《しゃく》という物がある**のですが、これは飛鳥時代の天智天皇から令和までずっと岐阜県高山市の飛騨一宮水無神社の霊山「位山《くらいやま》」のイチイの木で作られています。

ご神木であればなんでも良いわけではありません。上皇陛下が生前退位の意向を示された２０１６年以降、樹齢３００年近いイチイの大木３本を切り倒し、準備してきたと聞きました。

そして実際、そういったパワーグッズが人生をサポートしてくれる、パワーグッズに人生を救われることはあるわけです。そういった実例を店主として、私は何度も見聞きしています。

パワーグッズは大難を小難に変える！飛行機墜落事故を切り抜けた生存者を救った物とは？

エネルギーが入ったパワーグッズは、人生を好転させることもあると先述しましたが、**厄災が起きたとき、被害が大きくならないように守ってくれることもあります。**

１９９４年４月26日、台湾の中正国際空港を発った中華航空１４０便が名古屋空港で着陸進入中に墜落し、乗員乗客２７１人中２６４人が死亡するという大惨事が起こりました。

そして、生存者の一人がテレビのインタビューでこう言ったのです。

「天珠《てんじゅ》を身に着けていたおかげで助かった」

これを機にチベット天珠の名が世界中に広まりました。**チベット天珠というのは、古来より神の石として大切にされてきたチベットの神聖なお守りで、その起源や製造方法は謎とされるパワーグッズです。**

こういったパワーグッズを身に着けることで大難を避けられるということは珍しくありません。当店のお客様からもよく聞く話です。

たとえば、お父さんと北アルプスに登られた方がいらっしゃいました。その方は、なんと遭難しかかったらしいのです。それこそ昔、テレビＣＭであったような互いの腕一本でなんとかつながっている状態から、奇跡的に体勢を立て直すことができた。そしてなんとか帰宅して、ホッとしながら荷物の整理をしていると、**リュックサックの中に入れておいたブレスレット二つが無くなっていたことに気づいたそうです。その石が身代わりとなり、難を受けてくれた**のです。

九州に住むタクシー運転手の方の話もあります。この方はマイカーの軽自動車を運転しているときに不注意から電柱に激突してしまい、車のほうは全損。それなのに自分はちょっとしたケガで済んだというのです。そして、**その事故を起こして数十秒後に、腕にはめていたブレスレットがバーンと弾けた。**これも石が身代わりになって難を受けてくれたわけです。

こういったように大難を小難に変える力がパワーグッズにはあるのです。その力にあやかるには、やはり日頃から自分が良いと思う物を身に着けておくと良いと思います。お守りがその最たる物ですが、ブレスレットでも良いでしょう。

遭難しかかった方も軽自動車を全損させた方も、そういった経験をされてすぐにまた新たなパワーグッズをお求めになりました。

第3章

霊とうまく付き合い、運をたぐり寄せる

高級霊や指導霊、低級霊、自然霊、悪霊、死神、地縛霊……
霊にもいろいろあって、しかも通常は目に見えないので
どう接すべきかなかなか思い浮かばないかもしれません。
霊とはどういった存在なのか、まず理解することが
運を味方につける第一歩です。

エネルギーと霊は切っても切れない関係

エネルギーと霊は切っても切れない関係です。
エネルギーをうまく使うことで、霊と良い関係性を築き、運をたぐり寄せることができるようになります。この章では、霊とは何なのかや、エネルギーと霊の関係、霊とうまく付き合うための方法などについてお話ししていければと思います。

私がお客様から伺う話の中で多いものの一つが、霊を見たということです。
おもしろいのは皆さん一様に、**生きている人間と一見変わらないと言います。足もあって、普通に洋服を着ている。ただ、顔色が悪いらしい。なんだか暗い、生気がないと言いますね。**

銀座の交差点で信号待ちをしているときに、トレンチコートを着ている人の顔だけ

一見、普通のトレンチコート姿……顔だけ骸骨!!

がよく見ると骸骨のようだった……といった話です。

ほかにもこんな話があります。車に乗っていて、バックミラーに自転車に乗っているおじさんの姿が見えたから、パッと後ろを振り返るとそこには人がいないという。自分には見えているけれども、ほかの人には見えていないという事象は決して珍しくないと私は思います。

ですから霊能者は車を運転しないという人が多い。**なぜかというと生きているのか死んでいるのかわからない人がたくさん見えてしまうから、急ブレーキを踏んだりして危ない**と言います。

ほかの人には見えていない、自分だけに見えているという話で言えば、いちばん有名なのは、聖母マリアですよね。歴史的にさまざまな奇跡が伝承されていますけれども周りの群衆に見えていない聖母マリアが、ある少女にだけは見える。

聖母マリアのような神人というか、高級霊と言っていいと思いますが、高次元の存在というものはエネルギーとして存在しています。肉体は変幻自在で、必要なところに姿を現す。

ルルドの泉の奇跡やファティマの予言など、少女のエクトプラズム（霊要素）を利用して出現する。

聖母マリアのような高次元の存在が現れるのは、見ている人の霊要素を使って3Dの映像を作っているわけです。だから、その人にしか見えず、他の人には見えませんし、何かに乗り移っているわけでもありません。

ルルドの泉の場合は、18回の聖母出現で数多くの群衆がいたのに、ベルナデッタという少女にしか見えなかった。現在では年間600万人が訪れるカトリック最大の巡礼地となっています。

でも普通は、周りの人には見えないわけですから少女の戯言だということになって信じないですよね。ファティマの予言の場合は1人ではなく3人の子どもたちにだけ聖母が見えて、7万人の群衆を前に子どもたちが聖母と会話をするわけです。

それを信じるのか戯言として信じないのかという部分ですが、ローマ教皇庁は奇跡として公認しています。

余談ですが、**キリスト教には聖人に定義があって、その一つは遺体が腐敗しないということなのです。その点で、ベルナデッタは30年間ほど遺体が腐敗しなかった。**列《れっ》福《ぷく》と列聖《れっせい》のための発掘調査が3度行われていますが、その遺体は驚くほど良好な状態であったそうです。全く腐敗しないということではなく、腐敗の進行が遅いということだとは思いますが。

指導霊は人間をサポートしてくれる存在

話は変わりますが、私にも背後霊がついています。その人を生涯にわたってサポートする専属の守護霊と、そのときどきで入れ替わる指導霊（ガイド）がついているのです。

指導霊は、例えば大工の仕事をしている人であれば、大工だった霊がサポートしてくれていたり、音楽関係の仕事をしている人には、音楽に強い霊がガイドしてくれていたりします。

一人の人間にいろいろなガイドがついている。坂本竜馬には100体くらいついていたと聞いたことがあります。

この背後霊やガイドというものはエネルギーです。例えば聖母マリアであれば、マリアエネルギーというものがあって、時代や場所によってその呼び名が異なってきます。

チベットに現れたときは観音菩薩《かんのんぼさつ》であるし、エジプトでは女神イシス、キリスト教では聖母マリアと呼ばれますが、**人間が呼び名を勝手につけているだけで宇宙的には一つの存在としてある**わけです。

低級霊や死神はただの悪者ではない!?

霊と一言で言っても、私たちの世界では、霊に対して様々な名前がつけられています。たとえば、自然霊や地縛霊といった言葉は聞いたことがある方も多いと思います。また、高級霊と低級霊といったような区別をすることもあります。

背後で色々と教えてくれる高級霊

高級な霊に対する考え方はいろいろとありますが、私がお客様に説明する際には高次元の知的生命体だと話しています。これには地球外生命体も含まれています。**超能力者や優れた霊能者には高級霊がついている場合が多いのです。**なかには宇宙意識の最上位にあたる高位自我（ハイヤーセルフ）とつながって様々な超常現象を引き起こす能力者もいますが、大体は背後に高級霊がついています。

能力者のお客様たちからよく聞くのは、高級霊が色々と教えてくれるそうです。私にも同じような経験があります。

私の場合はピラミッドのエネルギーを人

に転写する際、その様子を霊視していた霊能者の方がいて、私の背後にエジプトのトート神が来ているのがはっきり見えたそうです。

「山崎さんがやっているわけじゃないですよ。トート神がエネルギーを入れているので本物のピラミッドパワーだと言えます」と言われました。

このように、**高級霊はいい人生を送ってほしいと応援してくれる存在**です。本人の意思をサポートしてくれますし、増幅させることができる。ただ逆に、ネガティブな感情を持っていると、それがどんどん悪いほうに現実化するということも起こりうるので注意が必要です。

それに対して、低級な霊というのも存在します。もともとは人間だったのが、執着心が強いあまり、執着の思いから解き放たれることができず、この世にずっととどまっている。

とはいえ、悪いことばかりでもないのですよ。**低級霊はお金を集めるのが得意。銀座のクラブでも幽霊が店に出るくらいでないと繁盛しない、なんて言いますしね。**

地理的に言えば、谷はネガティブなエネルギーが集まりやすい。ですから渋谷は谷で、人や物、金が集まって繁盛しています。

ただ、**低級霊にはお金や仕事などで人を持ち上げるだけ持ち上げておいてバーンと落とすのを楽しむ詐欺師のような、始末の悪いのもいます。**

人間が亡くなって物故霊になったとしても、通常はとどまって数十年です。しかし中には執着が強すぎて、悪霊化してしまうものも出てきます。

無間《むけん》地獄とも無明《むみょう》地獄とも言いますが、地獄（低層四次元）のいちばん下にあって光が全く入ってこない地獄の中の地獄があります。

そこに落ちてしまい悪霊化した先祖が、今、自分の子孫はどうしているのだろうと思った瞬間、現世では一家全員が惨殺されるといったようなとんでもない残酷な事件が起こるのですね。

悪霊は自分が死んでいることを自覚しています。

例えば、二・二六事件で処刑された青年将校たちは「革命が成就しない限りは絶対に成仏しない」と生前に言い残したと言われています。そして、処刑され亡くなっていても、悪霊化してこの世に長くとどまっているわけです。マイナスのネガティブパワーが果てしなく大きい。

一方で、人間は亡くなった直後は自分が死んでいるという自覚がないのですね。

ですから大災害が起こって、たくさんの人間が急に亡くなるようなことが起こると、幽霊を見たという報告が多く寄せられます。それは、まだ自分が死んだという自覚のない霊の姿なわけです。

色々と記事にもなっていますが、東日本大震災のときにはボランティアで現地に駆けつけた方たちが幽霊を見たと報告していますし、タクシー運転手の方の話でもお客さんを降ろしたら、そこに人がいなかったというものもありました。2023年2月に発生したトルコ・シリア大地震でも同様のケースが多数報告されていると思います。

地縛霊の強さを決める「大きさ」でも「数」でもないものとは？

交通事故が頻繁に起こる場所や、なぜか商売がうまくいかない場所というものがありますが、それはその土地の地縛霊が原因となっている場合があります。地縛霊というのは、その土地に執着している低級霊です。

私が高野山の阿闍梨《あじゃり》から聞いた話では、ある交差点に地縛霊がついていて、その交差点に面したビルのオーナーが飛び降り自殺をしたり、交差点での交通事故も相次いで起こったりしたそうで、依頼を受けて地場の調整をしたそうです。

実際には、**専門の阿闍梨が土砂を加持《かじ》する土砂加持という加持祈祷を行って地縛霊に出て行ってもらうわけです。**

これは密教の行法で、やり方はいろいろあると聞いています。もう亡くなっている

悪いことが続く原因はその土地の"地縛霊"!?

のだから、この土地に執着していても仕方ないでしょうといった感じで地縛霊を説得することが多いようですね。

地縛霊の強さは大きさとか数とかではなくて、その霊の念の強さです。

その土地に対して、地縛霊が持つ執着の理由しだいで力の強弱が変わってきます。それに加え、地縛霊になった霊体自体のエネルギーが強いかどうかという要素もあります。

いずれにせよ、悪いことが続くその土地についた地縛霊に出て行ってもらい、土地をきれいな状態に戻します。

昔であれば、地面が見えていたので良い土地か悪い土地かを植物の生育状況で判断していました。気が滞る土地をケガレチ、逆に気が高く巡る土地をイヤシロチと言いますが、日照条件とは関係がなく、日光がよく当たるのになぜか植物が育ちにくい土地もあれば、その逆もあるわけです。ひどい土地になると、スポット的にそこだけ植物が全部枯れているなんてこともあります。

特に都市部では、地面がアスファルトに覆われているのでそういった判断ができません。能力者であればその判別が可能ですが、一般の人には難しい。

ただ感じやすい人なら、ケガレチにいると頭が痛くなると言いますね。悪い場所にいると、邪気やそこに渦巻いているマイナスエネルギーのせいで頭が痛くなるそうです。

盆と彼岸になぜ心霊現象が多発するのか？

日本では、盆と彼岸にけっこう不思議な現象が多発します。これはもうずっとそうなのですが、不思議だと思いませんか。

その時期になると、テレビでも心霊現象を取り上げるような番組が増えますよね。私たちは、盆と彼岸になると墓参りをし、先祖を想うわけです。心霊現象がこの時期に多くなるというふうにも思っています。

実はこの「盆と彼岸に先祖が帰ってくる」と思って、いわば刷り込まれて生きていることこそが、盆と彼岸に心霊現象が多発する理由なのです。

どういうことかと言うと、生きているときにそう刷り込まれているから、亡くなったときに盆と彼岸には自分の子孫の前に現れなくてはならないと霊になった自分が思うわけです。それが現象として現れている。けっこうシンプルな話ですよね。

紀元前のお釈迦様の時代には、盆とか彼岸といったものはありませんでした。のちに盆や彼岸ができて、先祖が帰ってくるものだと考えられることで心霊現象が起こっているわけです。

ですから、盆や彼岸に国外を見渡しても不思議な現象が多発するなんてことは起こっていません。

樹齢の長い木には特に注意！邪悪な自然霊は恐ろしい

大自然には悪いものとか邪悪なものがいないと思いがちですが、自然霊には気をつけたほうが良いです。

ここで言う邪悪な自然霊とは幽界《ゆうかい》などの低層四次元に存在する低級自然霊のことで

樹齢の長い木には自然霊が入っていることが多い

す。彼らは物理次元に存在したことがなく、池や樹木の中などにも入り込んでいます。**中でも樹齢の長い木に自然霊が入っていることが多い。**しめ縄とかで祀ってある木を目にしたことがありませんか。

ＪＲ中央本線・甲斐大和駅沿いに、最強の祟《たた》るご神木があります。この木の葉で作った柏餅を食べた村人が集団死亡したり、線路にかかった枝を伐採した作業員全員が事故死や病死を遂げたりしています。伐採に当たっては神職による慰霊祭を行っていますが、それでも直後に死亡事故が起こる。

日本全国を見ても、線路や道路が木を迂回している箇所はいくつも見つかります。**中に入っている自然霊の祟りのせいで祀《まつ》ってもお祓《はら》いをしても、どうしても切ることができず今に至っているわけ**です。

ヒノキや杉の大木が中国に高く売れることもあって、ある神社のご神木を宮司が切ろうとしたのを、地元の反対運動で切られずに済んだというケースがありました。このときに霊能者がこのご神木と話をしたらしいのです。そうしたところ、**その自然霊が「人の命ははかない」と言った**そうです。

自分は邪魔な人間を消そうと思ったら簡単にできる。でも、あえてやらないのだとか。**自然霊から見ると、人間を消すことくらいわけないということ**なのです。

自然を壊してダムを造るときにも、霊能者が事業者から頼まれて自然霊と話すことがあるそうです。あるダムでは造っても良いが、代わりに生贄として何人かの命をとるということで、実際に工事で同数の方が亡くなったということもあるようです。

インティ・ライミの祭りで古くから続く生贄の儀式

世界を見ても、周囲に河川がなかったため雨水頼みだったマヤ・アステカ文明の雨ごいの儀式や、インカ帝国の都だったクスコで開催されるインティ・ライミの祭りには、生贄を捧げるという歴史があります。

さすがに人間を生贄に捧げるということは現代においてはないでしょうが、**実際に動物を捧げる儀礼が今なお残っています。それらも自然霊が求めているもの**だと思うのです。

写真に写り込む光の玉〝オーブ〟の正体

霊的な存在が写真や動画に写り込む現象として、オーブをご存じでしょうか。光の加減や乱反射などが原因となって写真に写り込んだ光の玉だと一般に言われますが、スピリチュアルの世界では、**ある霊的な存在が自分の存在を示すために、空間にプラズマ現象を起こしている**るとオーブの解説本などでは定義されています。

お客様にこの前、家の中をオーブが飛び回っている動画を見せてもらいました。その方は霊感がもともと強いのですが、映像ではなく生でもたまにオーブが見えると言いますね。

この世界のすべてが光の粒の集まりでできているのが見える、と言う人もいます。世界が素粒子でできているのが、肉眼でわかるのだそうです。ありえないと思いますか？

家の中をオーブが飛び回るなんてことも!?

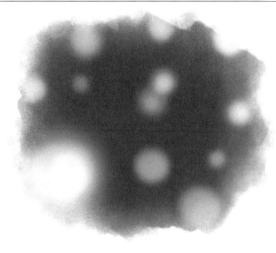

でも**物質というのは、実際のところ粒と粒の集まりですよね。**

そもそも物質の成り立ちを考えると、まず原子核の周りを電子が互いに引っ張り合うようにして光速で回っています。その原子核の大きさをピンポン玉だとすると、電子は8キロメートル離れたパチンコ玉くらいの大きさだそうです。そして、**それだけ離れたところに存在するとても小さな物質が、その回転を止めてしまうと肉眼で物は見えなくなります。物の存在というのは、それだけはかないものだ**と私は思っています。

ですから**オーブも実態はあるけれど、肉眼では見えない。肉眼の周波数では認識できない。その存在をデジカメの周波数であれば拾えることがある、**そんなふうに考えています。

私もたまに空間がチカッチカッと光って見えることがありますが、それもオーブなのです。普段、見えているものだけがすべてではなくて、見えているものが見えなくなることもあるし、逆に見えていないものが何かの拍子に見えることもあるのではないでしょうか。

私の頭上に多くのガイドがオーブで写っている写真がありますし、私がベルサイユ宮殿やルーブル美術館に行ったときに撮った写真にも、銀座で仮装パーティーを開いた時の写真にも同じオーブが写っているので、場所は関係ないのです。ちなみにそのオーブの一つは、能力者の鑑定によれば不老不死の伝説で知られるサンジェルマン伯爵だそうです。

第4章

高級霊を味方につけるには？

自分の願望や、望む生き方を実現するためには
高級霊を味方につけるのがいちばん。
なぜなら、高級霊はいい人生を送れるよう
応援してくれる存在だからです。
高級霊の居心地をよくするために、何をすべきか？
パワーストーンの選び方やメンテナンス法まで紹介します。

世界各国の客と接し見えてきた本当に効果のあるグッズとは？

私が銀座にスピリチュアルショップを開いて8年になります。海外には当店のような店はありません。

たとえばカトリックですと、パリのメダイ教会には教会内にメダイ売場があります。南仏ルルドですと、聖域内にカトリック関連の専門書店があります。宗教施設での物販は世界中で一般的ですが、当店のように宗教・宗派・地域を問わず世界のスピリチュアルグッズを置いている店はないと、海外から訪れたお客様から言われます。韓国のヒーラーのお客様も韓国内には当店のような店はないとおっしゃっていました。

余談ですが海外からのお客様でいちばん驚いたのは、長髪でローブをまとったイエス・キリストのような風貌の方が来店されたことです。日本人の方が連れて来られたのですが、かなりのオーラを放っていました。日本人ですと山伏《やまぶし》風の行者さんが山から下りて来られたような装いで来店されたこともあります。

スピリチュアルショップを開いて驚いたのは、来店客の半数近くがプロアマ問わず霊的能力者だということです。

もちろん、スピリチュアルな世界にちょっと興味があるような方も数多くお見えになります。**仕事にはしていなくても、霊的感度や感性がとても鋭い方が多いことに開店当初は特に驚きましたね。**

普通に仕事をしていると、職場の人たちに自分が実は霊感が強いなんて話はしにくいですよ。この人、大丈夫かな？　なんて思われたくありませんしね。家族にも友達にも、そういった話はしにくいものです。**ご夫婦でも同様で、開運グッズを買うのも内緒。絶対に話せないという方が意外と多い**のですよ。

でも、当店に来るとそういった話ができる。ですから、皆さん私といろいろな話をして帰っていきます。２時間くらい店にいることなんて珍しくありません。本当はしたい不思議な話を普段できない分、ここに来て思う存分話されていくのですよ。
なかなか一般の人には理解されない話が世の中にはありますよね。私もそれを喜んで聞いていています。

昔はスピリチュアルとは言わず、精神世界と言っていました。私が興味を持ったきっかけは中学生の頃に流行ったノストラダムスの大予言でした。

1999年7の月に人類が滅亡するというセンセーショナルな内容で話題を呼び、当時は100万部を超えるミリオンセラーになりました。ほかにもユリ・ゲラーを筆頭に超能力ブームやUFOブームも当時はあって、のめりこんでいきました。

雑誌『ムー』と出合ったのは高校生の時でした。たまたま寄った書店で手に取った雑誌が『ムー』でそれが創刊号だったのです。
『ムー』は今でこそ最長寿のオカルト雑誌になっていますが、当時は後発でした。発行も月刊ではなかったのですが、興味のあるテーマの号を以来、購読するようになりました。

社会人になってからはヒーラーや能力者のワークショップに参加するようにもなり、知見を広げるとともに、知り合いも増えていきました。エネルギーワーカーとして自分自身でワークショップを開くようにもなったのです。

そういった縁が重なって、『ムー』のパワーグッズ制作を依頼されたのが2010年です。当時、私は長野県のゼロ磁場パワースポットで知られる分杭峠に通っていた時期でもあり、地元の有志と現地で販売するパワーグッズの開発を行っていました。

当時は「パワースポット」が流行語大賞の候補となるほどのブームで、分杭峠《ぶんぐいとうげ》は国内有数のパワースポットで知られていました。

現在でも数多くのテレビ番組で紹介されています。追々お話ししていきますが、分杭峠には体感できるレベルの「気」が出ている場所が点在しているのです。分杭峠の通販サイトや、複数のスピリチュアル系専門誌で誌面販売を手がける中、『ムー』の誌面販売においても分杭峠のパワーグッズを供給していたのですが、次第に様々なジャンルのパワーグッズを供給するようになりました。

そんな中、編集部さんとの間でリアルショップがあったほうが良いのではないかという話になったのです。


こうして、『ムー』の公式公認ショップを渋谷にオープンしたのが2014年7月のこと。当初は銀座で開店したかったのですが、ちょうど前年の2013年9月に東京オリンピックの招致が決まったことで、銀座の空き店舗がなくなってしまいました。

その後1年も経たずに空き店舗が見つかって、ここ銀座に移転したのが2015年4月です。


パワーグッズを販売していると、購入されたお客様からのフィードバッグがありますから、そういった意見も商品開発の参考にしてきました。**色々な商品を扱っていく中で効果のある物はやはり決まってくる**のですよ。もちろん商品との相性もあります。

薬も効く人と効かない人がいるように、100%結果が出るものはありませんが、人によってはかなりの結果が出るものがあります。ファッションと違って長年の実績のあるパワーグッズを精査し、店づくりに生かしています。

先ほどの分杭峠のパワーグッズの中でもゼロ磁場ジェネレーターは、自宅をパワースポットにするのに役立つ当店のロングセラーです。購入者の三分の一が買い増しされ、10個単位でお持ちの方も珍しくありません。

海外の高名なシャーマンが驚いた日本が誇る聖地の石とは？

エネルギーを物に蓄えるという意味では、パワーストーンはその最たる物質です。たとえばご神体がそうですね。出雲大社ですと、巨岩が鎮座する八雲山自体がご神体として祀られている。

古代から石は聖なるものであり、ご神体として扱われています。

ピラミッドにしてもすべて石でできていますよね。**地球上で石は永続しています。**

非常に長い時間で見れば風化し少しずつ形を変えながら、それでも物質としては存在し続けている。何十億年経っても残っています。

また**パワーストーンの特長としては、霊的なエネルギーだけでなく、実際に石によっては物理的なエネルギーが検出されます。**たとえば水晶からはマイクロ波が出ていますし、ウラン鉱石からは放射能が出ています。

ですからパワーストーンにも強い石、弱い石があります。水晶系がやはり強くて、ヒーリング系の石は弱い石が多い傾向となります。ちなみに世界三大ヒーリングストーンというのはラリマーとチャロアイト、スギライトなのですが、いずれもやわらかい石です。

パワーストーンのパワーの違いは、石の種類もありますが、容量が重要になります。要するに大きくて重い石ほどパワーがあります。

当店にもアメジストのドームがありますが、石はある程度大きいものには神様の霊、つまり神霊が石に入ります。心の霊ではなく、自然霊の場合もありますし、何らかの霊的な存在が大きな石には入る。神社に行くと大きな石にしめ縄が飾られているのは、祀っているのですね。中に何が入っているかわからないけど、何か入っているから祀っている。

霊能者であれば、中に何が入っているか見当がつきますが、祀って大切に扱って祟られないようにしているわけです。

絶対的に強いパワーを秘めた石というものがあります。聖地の石ですね。地球上で邪気とは無縁でもっとも波動が高い聖地としてはヒマラヤがあります。ここから産出される水晶にはやはり強い力が宿っています。

日本では岩手県で産出される遠野《とおの》の石があります。この石からは遠赤外線が放射されていて、波動数値も高い。科学的データに裏付けられた数多くのエビデンスがある世界的に見ても珍しい石です。

ケルト系の高名なシャーマンが来日されてお会いしたときに、私が腕にはめていた遠野の石のブレスレットを売ってほしいと、能力者の通訳を通してお願いされたこともあります。能力者が、ほかの人が身に着けていた石を着けることは普通考えられないので、通訳の方も驚いていました。

もちろん私はその場で売りましたが、それほど遠野の石にはパワーがあるのだと思いました。

また、別の方は数千万円を貸したのに返済されず、その人が消息不明になってしまった。訴えようにも所在不明で訴えようがないという状況で、遠野の石のブレスレットを購入されました。すると、なんとその翌日に裁判所から所在がわかったという連絡が入ったのです。この時は相手が芸能人ということもあって、テレビのモーニングショーで連日報道されたことを覚えています。

エネルギーが強い石と弱い石を決める大事な要素とは？

パワーストーンに高級霊が入るということはありませんが、**その石のエネルギーが**

強ければ、高級霊の居心地がよくなるということが起こります。石だけではなくガラスもそうですが、パワーストーンは霊的なエネルギーを溜めることができる、いわゆる「依《よ》り代《しろ》」だと言えます。高級霊が近寄りやすくなって、引き寄せ効果が発揮されるわけです。

先程もお話ししましたが、**高級霊はいい人生を送ってほしいと応援してくれる存在**です。本人の意思をサポートしてくれますし、増幅させることができる。ただ逆に、ネガティブな感情を持っていると、それがどんどん悪いほうに現実化するということも起こりうるので注意が必要です。

エネルギーを持ったパワーストーンがあればいいという単純な話ではありません。**ポジティブな面、ネガティブな面、所持している人の意思次第でいいことも悪いことも起こりうる、つまり諸刃の剣になりうる存在**だといっていい。

ですからパワーストーンをいい状態に保ち、それを持っている人がポジティブに生きていることが大事になります。そうすれば、思い描いていることがどんどんいい方向で現実化しやすくなるのです。

パワーストーンと呼ばれる物にはいろいろありますが、共通していることが一つあります。

それは、**何億年もの間、地中深くに眠っていたということ**です。

その間に、**遥かかなたから宇宙線、いわゆる宇宙のエネルギーを浴び続けてきている。その反応の一つとして、長い時間をかけて宝石ができたりもする**わけです。

たとえば、水晶というのはもともと透明ですが、実際にはいろいろな色の水晶が存在します。これは浴びるエネルギーによってそれぞれ反応が異なり、その結果、色が変わってくるということであり、科学的にも明らかな現象です。

アメジストという紫水晶に放射線を照射すると真っ黒になることがわかっています。微量な放射線が何億年もの間、当たることで色が黒く変化をしていく。自然に黒水晶が生成されていくわけです。

一方、スピリチュアルな世界では、黒水晶は邪気除けや除霊に最強の石だと言われています。するとどういうことが起こるでしょうか。

人工的に放射線を浴びせることで水晶を黒く変色させるという、人工的に作られた偽物の黒水晶というものも残念ながら市場に流通することになるわけです。注意しなければなりませんね。

自然に生成されたパワーストーンの中でも、持っている力が強い石もあれば弱い石もあります。

その強弱を決める大きな要素はその石が採集された産地で、一般的に最もエネルギーが強いとされているのは、ヒマラヤ水晶です。

ヒマラヤはご存じのとおり高地ですから、宇宙からの距離が近いということもあるでしょう。ただやはり、そのエネルギーの強弱を決めているのは、その立地ゆえ訪れる人が非常に少ないからです。

つまり、人の邪気、人が持っているネガティブエネルギーに汚されていないことが、ヒマラヤ水晶のエネルギーの強さの理由なのです。

昨今の世界的な登山ブームもあって、エベレスト山でも登山ルートに渋滞が起こったりするそうですが、それでもやはり人間の邪気による悪影響を受けていないことが大きい。ヒンドゥー教には象の姿で描かれるガネーシャと呼ばれる神がいるのですが、ガネッシュ・ヒマールと呼ばれる聖山が存在するヒマラヤはやはり特別です。

能力者や霊能者が祈祷することで、念を入れる、エネルギーを注入するというパワーストーンも存在します。

ただ、誤解をしてほしくないのは、そこに霊を入れたというわけではないということです。たとえ力が強い石だといっても、そこに高級霊が入っているわけではありません。

一方で、自然霊が入っているということはあります。

アメジストに入った自然霊と霊能者が会話することも！

手首に着けるような小さな石には入りづらいのですが、例えば、**ドーム状の水晶のように大きなパワーストーンには自然霊が入るということがよくあります。**

うちの店に長く置いてあるアメジストにも自然霊が入っているようで、来店された霊能者の方が石と会話することもあるのです。

今でこそ、このアメジストは店の奥にあるレジの前に置いてありますが、以前は店の入り口にあったのですね。その時に来店した霊能者が「店の入り口だと仕事ができない。店の奥にあるほうがネガティブなエネルギーや邪気を吸収できる」と石が言ってるよって私に伝えてくれました。

迷ったらどうする⁉
パワーストーンの選び方とメンテナンス法

パワーストーンを選ぶ際には、まず自分の直感を信じることです。研磨されている石の場合は、見たときにクリアな光を感じるかどうかも大切です。良い石は光沢がありますから、**鈍い光を放っている石はやめておいたほうが良いです。**

当店の常連様がおっしゃるには、店を訪れて石を見ていると毎回、同じ石を見ていても印象がその時々で違うそうです。また、それまで店内にあったのに全く気がつかなかった石が、強い存在感を放っていたとおっしゃいます。それで、この石が自分を呼んでいるのだと感じて購入されていく。石好きの方はそれをよく「石に呼ばれた」と表現されます。

パワーストーンブレスレットは身に着けるのが基本

パワーストーンブレスレットの場合は身に着けるのが基本です。腕にはめてもポケットに入れても良いのですが、身近になければ石のエネルギーを受けることができないのです。

投資家のお客様でパワーストーンを買ってしばらくして株が上がったとか、所有不動産の借り手が決まらず困っていたところ、石を購入した翌週に大手法人の借り手が見つかったとか、そういった話は色々とあります。

ただ、当店の場合、何らかの問題解決のためとか、金運を上げたいといった理由でパワーストーンを購入されるお客様は意外と少ないです。

ビル建設の際には基礎工事で地面を深く掘ります。土地によっては地縛霊などの悪霊を大昔に封印している場合があります。そこを掘ることで、それまで封印されていたものがそこから出てくる。

たとえば地下鉄の工事をしているときに、何か黒い影に追いかけられたという話を聞いたことがあります。

そういったものから身を守るためにパワーストーンを身に着ける方もいらっしゃいます。

医療関係者でもそういった方が多いですね。職業柄、人の生死にかかわりますし、生来人を助けたいという人は霊的感度の高い方が結構多いです。

「病気」は「病の気」ですよね。病院で働いているとそれをまともに受け続けることになるので、石を身に着けていなければ身が持たないと言って医療従事者もよく来店されます。

パワーストーンを浄化するなら日光浴がいちばん

パワーストーンの特長としては、エネルギーを放出するだけでなく、邪気を吸っていることが挙げられます。

つまり、エネルギーの出し入れが行われています。

パワーストーンを使っていると、徐々に邪気を帯びて光が鈍くなってきます。よくパワーストーンの浄化と言いますが、この吸った邪気を浄化しなければ石が働いてくれないばかりか、身に着けることで邪気を浴びることになります。

最も手っ取り早いのは、日光浴です。晴

天の日に30分～1時間ほど石を太陽光線に当てる。

月光浴もありますが、満月や新月の夜が効果的とされています。他にはホワイトセージを燃やしてその煙を石に当てる方法もあります。

第 5 章

悪霊と距離を置き、低級霊に振り回されないようにする方法

私たちの味方になってくれる高級霊がいる一方で、
寄せ付けないほうがいい悪霊や低級霊なども存在します。
欧米では悪魔と闘うエクソシストの需要が今、
高まっているのをご存じですか？
奈良県に実在する天狗の山や、恐ろしいブラック能力者まで、
身を守るために知っておくべきことを伝授しましょう。

日本唯一の悪魔祓い神社が〝天狗の山〟にある⁉ 手軽に除霊するには家電量販店に行くべき理由

欧米の悪魔というのは、日本では悪霊です。高野山の阿闍梨とか行者、陰陽師などが悪霊を祓う儀式を昔から行っています。

ただ、**日本でも悪魔祓いが行われていた神社があります。関西の霊能者で知らなければもぐりだと言われる、奈良県の玉置《たまき》神社です。**私はほかに聞いたことがないので、もしかしたら日本で唯一、「悪魔退散の護符」が売られているところかもしれません。

『古事記』や『日本書紀』に出てきますが、日本で最初の天皇である神武天皇が八咫《やた》烏《がらす》に導かれて訪れたとされる聖地ですね。そもそもは紀元前37年に第十代崇神天皇の時代に、火防鎮護《ひぶせちんご》と悪魔退散のために創建されました。

奈良県の玉置神社一帯は参拝するのも難儀な"天狗の山"

日本の神社仏閣で、悪霊ではなく悪魔の退散を祈願して創られた大変珍しい神社です。弘法大師こと空海もこの地で修行しており、かつては修験道の聖地として行者の往来も盛んだったと言います。

この修験道の修行の道を大峯奥駈道と言いますが、「紀伊山地の霊場と参詣道」として2004年に世界遺産に登録されています。

この一帯は天狗の山でもあるのです。一説には「呼ばれないと行けない」とされ、生半可な気持ちでは天狗に邪魔をされて神社までたどり着けないとされている。

私は玉置神社に5回参拝したことがありますが、実際、交通の便が悪く、なかなか行こうと思っても行けない場所です。知り合いの霊能者も途中、穴に落っことされたとか言っていました。

道に迷って行けなかったとか、道に迷わされて行けなかったとか、とにかくそういった話が今でもたくさんある難所です。

除霊祈願もなかなか難儀ということですね。

なぜそのようなことが起こるかというと、天狗は眷属《けんぞく》といって神様のお使い役でとても厳しいからです。高次元の神のために働いているわけですが、その分、いろいろと細かくて厳しい。

厳しいけれども、悪霊というわけではない。

人間を見張っていて不敬なことをしようものなら、すぐに石を投げて転ばせるとか、そんな存在です。

良い霊も悪い霊も霊的存在は電磁波が嫌い

ちなみに、眷属といえば亀とか蛇とかもそうですね。白蛇は弁財天の眷属で、お金を集めるのが得意ってそんな特徴も持っています。

除霊をもっと身近に行いたいというのならお勧めの方法があります。それは、**家電量販店に行くこと。悪霊を含めた霊的存在は電磁波を嫌うのです。**

良い霊や高級霊が自分についていていたら、それらも全部離れてしまうので考えようでもありますね。除霊として手軽で手っ取り早い反面、**悪い霊だけでなく良い霊もいったんリセットされてしまう。**

実際、能力者や霊媒体質の人は電磁波の影響をよく受けると聞きます。

たとえば、パワースポットに行くと、持っていたスマホやパソコンが壊れてしまうということがよく起こる。

1年で3台パソコンが壊れたという霊能者を私は知っています。

ネガティブなエネルギーがインターネットを介してスーッと入ってくることもあるようで、スマホやパソコンにそれをブロックするためのシールを貼っている人もいらっしゃいますね。

今、携帯電話のための電波塔が日本各地に設置されていますよね。その影響もいろいろとあると聞いています。

先ほどの玉置神社にも周辺に電波塔が立ったことで、山にいた天狗が20体から4体に減ったと、ある霊能者から聞いたことがあります。

引っ越した先の神社へ参拝するよりも大事なこと

引っ越しをすると、まずその地の神社に参拝に行くと良いと聞きませんか。これはどういうことかと言うと、**その土地、地域を守っている氏神《うじがみ》にご挨拶をするということ**ですね。

氏神様を祀っている神社を氏神神社と言いますが、いちばん大事なのが氏神様だと思っている人が多いように思うのです。**ただ氏神様はその土地を守っている神様なので、現在のように引っ越しや転勤が多い時代になると、そのたびに氏神様が代わることになるわけです。**

そこでぜひお伝えしたいのは、場所に限らず、その人の一生を通じて守護してくれる産土神《うぶすながみ》の存在です。

産土神というのは、自分が生まれたところの氏神様です。その人が生きている間はもちろんのこと、死後も守ってくれる神様なのです。

昔の日本は、武士階級を除けば生まれた土地で生きて、生まれた土地で死んでいく人がほとんどでした。場所が変わらないから、氏神様と産土神が一体だったわけです。でも、今は違いますよね。

ですから、**神社を熱心に参拝される方もいると思いますが、氏神様だけでなくときには産土神を思い、参拝されてもよいのではないかなと私は思うのです。**

ちなみに、氏神は地域の土地を守る神様ですが、地域の建物を守る神様のことは鎮《ちん》守《じゅ》と言います。鎮守の森って聞いたことがあるかと思いますが、神社の周りを守るように存在する森のことをそう言うのですね。

なお、**高齢の方ですと出生地がわからないという場合もあるでしょう。そういった場合は産土神がわからないということになりますが、それはそれでもちろんいい**のです。

近年は特に、氏神と鎮守と産土神とを区別することをしないで、一律に氏神と呼ぶことが多くなっているようです。

悪魔を祓う聖職者〝エクソシスト〟の需要が世界で増加中!?

『悪魔祓い、聖なる儀式』というイタリア・フランスの合作映画をご存じでしょうか。第73回ヴェネチア国際映画祭オリゾンティ部門最優秀作品賞を受賞したドキュメンタリーで、シチリア島を舞台にエクソシストのリアルな姿、これまで表にはなかなか出てこなかった舞台裏が描かれている作品です。日本で上映されたのは２０１７年ですが、専門誌で紹介されるなどしてスピリチュアルの業界では当時、かなり話題になりました。

エクソシストというのは、カトリック教会で悪魔祓いをする聖職者のことです。

アメリカやヨーロッパでは悪魔というものの存在が信じられていて、映画でもその場面を描いていましたが実際、人に悪魔が憑《よ》りつきます。

悪魔が憑りついている人に対し、神父が聖水をかけて十字架をその人の頭頂部に押さえつけるようにして祈り続けると、悪魔に憑りつかれた、憑依されていた人が暴れだすわけです。

白目をむいたり、咆哮《ほうこう》したり、普通の人間の振る舞いではなくなります。形相がとても恐ろしくなって、実際に悪魔が憑りついているとしか思えません。

そして、悪魔が出ていって、まるで人が変わったように穏やかになる姿も映画では描かれていますが、**そのような悪魔祓い、つまり除霊の儀式が欧米では教会の日常のなかに実際あるわけです。**

悪魔祓いは多数の信者が参列するミサで行われることもあれば、神父と1対1の個別で、もしくは神父1人に対して1家族といったクローズドな場で行われることもあります。

科学や医療で解明できない災いを救済するような除霊の儀式が1200年前からあって、今もそのシステムが存続している。しかもお金は取らないという。

人の行動が悪なのではなくて、悪が人の行動を乗っ取っていると考えられているのです。

子どもが学校に行かないとか、先生に暴言を吐いたり唾を吐いたりするといったことで悩んだ親御さんが子どもを連れてくることもあれば、つきあっている彼女や周囲に暴力的な振る舞いをしてしまう自分の中に何かがいると悩み苦しんで、一人で教会を訪れる人もいます。

つまり、憑依《ひょうい》されていると言っても常に悪魔的な振る舞いをするわけではないのです。一見、普通に見える人が時に悪魔的な振る舞いをしてしまう。

悪魔の力が強ければ、極端な話、除霊の儀式でエクソシストが死ぬ場合もありえます。この映画にはカタルド神父とカルメロ神父という2名が登場しますが、どちらも相当な能力者だというのは明らかです。

映画でカタルド神父が言っていましたが、**信仰心が薄ければ、神から遠ざかってしまい、悪魔がそこにつけ入ってきます。悪魔は低層四次元の存在ですから、本人の波動が低ければ、低いものどうし波長が合ってしまって憑りつかれる**のだと私は思います。

ですから、悪魔祓いによっていったん悪魔が出ていっても、自分の波動が低くなればまた入ってくることもありえるのです。

ホラー映画を見たりすると、低層の幽界とつながりやすくなるので注意が必要です。特にもともと霊媒体質の人は、どんどん入ってくるので気をつけたほうが良いです。

お客様にユーチューバーがいるのですが、墓地に行って肝試しの動画を撮ったりすることがあるそうです。それがとにかく嫌だと言って、よくうちの店で浄化グッズを買っていかれます。

仕事だから仕方ないって言いますが、そういう動画を見ている側も、その世界とつながりやすくなるということを覚えておいたほうが良いですね。

そして今、世界中で悪魔祓いの需要が高まっていることをご存じですか。イタリアのローマにあるカトリックの教育機関「教皇庁レジーナ・アポストロルム大学」に悪魔祓い師の養成講座というものができたそうです。

世界中から悪魔祓いを学ぶために聖職者が集まっていて、フランスやスペイン、イタリア、アメリカではエクソシストが増員されているそうですが、この傾向は今後ますます拍車がかかると私は思っています。

〝ブラック系能力者〟に騙されないために知っておくべきこと

よく皆さん霊能者というだけで、とにかくすごい、全部すごいとなりがちですがそうではない。超常的な現象を起こすからといって、すごいわけではありません。**霊能者がつながっている世界というのがあるのですが、その霊的な次元によって霊能者のレベルが異なる**ということをまず知ってほしいですね。

例えば、幽界とつながっているのか、霊界とつながっているのか、神界とつながっているのか、この違いで力の及ぶ範囲というものが全く変わってきます。**まず霊的な次元として幽界があって、その上に霊界があって、そのまた上に神界があるわけ**です。

そのどこの世界とつながっているかによって、能力者として力の及ぶ範囲が変わってくる。霊能者自身が、どの世界とつながっているのかわかっていない場合が多いのでやっかいなのです。

霊能者自身は神様とつながっているると思っているケースが多いのですが、神様にもいろいろな神様がいるわけです。この世では人間だったという神様もいれば、もともと人間の経験がない神様もいます。

高級霊もいれば、低級霊もいて、その霊能者がどういった霊とつながっているのかが本物かどうかを決めるということです。

本物の霊能者は対面しただけで全部わかる。何もこちらが言わなくても向こうからしゃべってきます。言い当てるというか。もう全部わかっていてすべてお見通し。相談者の過去も、言っていることが全部的中します。

私の知る限り、高野山で修行された僧侶や阿闍梨の中にはそういったスーパー能力者がけっこういらっしゃいます。そして未来ではなく。まず過去を言い当てます。私の場合は、10年以上前に参加した宗教儀式のときに感じた心理状態と、そのときの匂いまで言い当てられました。

そういうスーパー能力者の場合、電話で話していても見えると言います。例えば、私と電話で話していても、こういう建物が今、窓から見えているだろうなどと言って、私の自宅の情景とかを言い当てますよ。

対話型の霊能者が本物ではないというわけではありません。アカシックレコードには過去から未来まですべての転生の記録がありますが、それを見ながらリーディングする霊能者はある程度、会話を通じて導いていきますね。

おもしろいのは海外の能力者ですと、自分の調子が悪いときには個人セッションをキャンセルするそうです。いくら能力者とはいっても調子には波があるので、コンディションが不調のときは直前であってもお断りするのが一般的だと聞きました。日本ではそういったことはほとんどないと思います。

海外との違いでいえば、**日本では寿命を伝えることがタブーですが、香港や台湾で占いをしてもらうと、まず寿命をズバッと言われます**。ですから自分の寿命を聞きたくなければ、前もって伝えたほうが良いのです。

郵便はがき

105-0003

切手を
お貼りください

(受取人)
東京都港区西新橋2-23-1
3東洋海事ビル
(株)アスコム

邪気払いの法則

読者　係

本書をお買いあげ頂き、誠にありがとうございました。お手数ですが、今後の出版の参考のため各項目にご記入のうえ、弊社までご返送ください。

お名前	男・女	才
ご住所　〒		
Tel	E-mail	
この本の満足度は何%ですか?		%
今後、著者や新刊に関する情報、新企画へのアンケート、セミナーのご案内などを郵送またはeメールにて送付させていただいてもよろしいでしょうか? □はい　□いいえ		

返送いただいた方の中から**抽選で3名**の方に
図書カード3000円分をプレゼントさせていただきます。

当選の発表はプレゼント商品の発送をもって代えさせていただきます。
※ご記入いただいた個人情報はプレゼントの発送以外に利用することはありません。
※本書へのご意見・ご感想およびその要旨に関しては、本書の広告などに文面を掲載させていただく場合がございます。

●本書へのご意見・ご感想をお聞かせください。

ご協力ありがとうございました。

一般の人の中にも能力者はいます。私の知り合いですが、女友達から最近できた彼氏の話を聞いているうちに、その彼氏に奥さんがいるのが見えたそうです。もちろんその彼氏とは全く面識がありません。

会話は波動なので、しゃべっている人についている霊とかガイド（**指導霊**）**とかが見える**のだそうです。実際、その彼氏には奥さんがいて、深く傷つくことは回避できたのでよかったと思います。

ただ、その能力者である彼女が人格者かというとそれは違います。**霊能力と人格というのは別問題で相関しない**。霊能力があっても銀座のホステスと不倫していて、週刊誌にそれを叩かれるなどという話もあるわけです。

イエス・キリストとかお釈迦様などの歴史上のスーパー能力者というのは、霊能力も人格も両方を備えていたということだと思います。

注意しなければならないのは、ブラック系の能力者ですよね。エネルギーが強いので霊能者でも騙されてしまうことがある。人を信じさせてお金も出させているという、いってみれば詐欺師のような人もいる。

お客様の中にも騙されたことがある方はいらっしゃいますし、私自身もだまされそうになったことがあります。そのときはほかの能力者からの助言で一難を逃れることができましたが、危なかったですよね。

余談になりますが、パワーグッズのような物でも、1000円くらいの気休め的な物であればいいですが、エネルギーが入った本物系のグッズは高額になりますし、購入する際にはだまされないように気をつけたほうがいいです。

私の場合だと、実際にエジプトまで行ってエジプト政府からピラミッドを貸し切って、持ち込んだ石にピラミッドパワーを転写しています。

そういったパワーがあるグッズというのは、物を売っているのではなくてエネルギーを売っているということです。エネルギーを宿した本物のパワーグッズには様々な現象が実際に起こって、ロングセラーになる。

究極のパワーストーンは宝石ですが、世界中で流通している宝石は発色のために加熱処理したり、着色剤を使ったり、色々な処理がされているためパワーがありません。その点、**インドやイスラエルではパワーに満ちあふれた、未処理で自然の状態の宝石が売られている。ですから本物志向の方は、現地まで購入しに行かれています。**

パワーストーンも宝石も、宇宙からのエネルギーを浴びています。地中深くそれこそ数億年とか数十億年という果てしなく長い時間の中で、宇宙空間を飛び交う高エネルギーの宇宙線が石の中に注がれている。私たちはその膨大なエネルギーの力を享受しているのだと思います。

「高級霊からの指令」と「低級霊からの指令」その違いとは？

当店のお客様にはいろいろなタイプの能力者がいます。その一つが、神様や高級霊から指令を受けるタイプの、いわゆる指令系と呼ばれる能力者です。

どういうことかと言うと、**神様が何かしたい、霊的なことを行いたいときに能力者**

に「●●に行くように」という指令を出すわけです。それをキャッチする能力者のことを指令系能力者と言います。神様は霊的な存在ですから、地球のある場所で何か具体的なことを行いたい時に、肉体が必要になる。その代わりとして、指令系能力者が選ばれるわけです。

逆に能力者の側は、何を目的にしているのかわからないことが多いようです。目的はわからないけれど、神様の声が聞こえて、その指令の通りに行動を起こす。「●●の神社に行くように」というだけの指令もあれば、「神社に行って、参拝をするように」という指令もある。そして実際に、能力者が言われたとおり行動している時に、神々が降臨し、霊的な行事を行っている。

その指令が神様や高級霊からのものであると、指令通りに能力者が行動する際に障害が全くないのだそうです。普段の生活や仕事に影響しない。

例えば**会社を休んで一週間近く席を空けたとしても、周囲はそれに気づいていないというか、毎日職場にいたような雰囲気になっているそう**です。能力者だけでなく、周囲も含めてコントロールされている。おもしろいですよね。

逆に、低級霊がついている場合はどうかと言うと、その指令に振り回されることになります。指令を受ける能力者の都合なんてあったものではないような状況に追い込まれるそうです。

お客様にもそれで困っている能力者が実際にいます。仕事に悪影響がどうしても出てしまうと言って困っている。**自分のしなければならない仕事をキャンセルしながら、低級霊の指令に従って行動している能力者がいる**のです。本人は、低級霊の指令だなんて思ってもいないから、相当の犠牲を払っています。声が聞こえるから、仕方がない。中にはそれで、病気になってしまったというケースも私は知っています。

これはあるお客様から聞いた話ですが、その方は死神と会話ができるそうなのです。一般に死神は見た目が怖いですし、悪いイメージがありますよね。

でもそのお客様が言うには、**死神にはとても大事な仕事があって、それは亡くなった人を本来行くべき世界へ導いているのだと。怖い見た目なのは、そうでなければ死**

死神の見た目が怖いのは死神だと信じてもらうため!?

神だと信じてもらえないからだと言うのです。

臨死体験をした人が、よく先祖がやってきたと言いますよね。それは死神ではないのでしょうけれども、きちんと成仏するためには、何かの力が必要な時もあるということだと思います。自分一人ではどうしようもない納得のいかない不慮の死があって、それでもこの世にその霊がとどまると邪気であふれてしまうので、行くべき世界へ導いていくということなのでしょう。

夢見も体外離脱の一つ⁉ CIAやKGBなどの諜報機関が行う「夢を見る訓練」とは？

臨死体験と言うと、よくその一つとしてベッドの上に寝かされている自分の姿を空中から見下ろしている……など、体外離脱の話をよく聞きます。

そういった形ではなくて、目覚めているときに完全に意識した状態で、自在に体外離脱ができるという能力者もいます。お客様の中にも、自宅で結界を張って瞑想していると、気がつくと上から自分を見ていたという人はいます。

一般の人でも、寝て夢を見ているときに似たような体験をされているのではないでしょうか。**夢を見ているときは時間の感覚がない**ですよね。例えば、とても疲れていて、一瞬眠りこんでしまったようなときに見た夢が、実際に寝ていたのは数分だったとしてもとても長く感じることがあります。

古代から夢というのは特殊な現象だと書物にも記されていますが、夢を見ていると

体外離脱は起きている状態で夢を見るトレーニング法

き、私たちは体外離脱しているとも言われます。起きたときにはその記憶がバラバラになっていて、すでにあまり覚えていないようにプログラミングされている。

それはなぜかと言うと、**幽界とか霊界といった肉体を離れた世界に実際に行っているのだけれども、それが記憶として残ると実生活に支障が出るので、そうならないようになっている**というような考え方もあります。

CIAとかKGBといった諜報《ちょうほう》機関では、起きている状態、意識のある状態で夢を見るという訓練があるそうです。リモートビューイングを利用して相手の意識の中に入って相手をコントロールするという特殊能力があるのですが、そのトレーニングとして体外離脱を取り入れている。

普段は五感の中に閉じ込められている状態から、その制限を解き放って意識の状態を変えることが重要なのだと私は思います。霊とか魂ということもありますが、意識は永続するものです。そして、寝ているときにその活動が停止することもある。しかし一旦意識が活動し始めると、寝ていても異なる世界でリアルな体験ができるのではないかと思うのです。**一般にはそれを夢と言いますが、この世ではない世界に私たちは寝ているときに行っているのではないでしょうか。**

人それぞれに顕在《けんざい》意識や潜在意識があり、日本なら日本の国の集合意識、地球なら地球の集合意識がある。そして最も上位に位置するのが宇宙意識です。宇宙の法則と言う方もいますけれども、宇宙全体の意識のことです。これが宇宙の全部をつくっている。

その一方で、それを実行している高次元の知的生命体がいる。キリスト教なら天使

宇宙意識を実行する知的生命体"宇宙天使"

と言いますし、宇宙天使という言い方もあります。宇宙の意識を実行に移したり、コントロールしたりする高次の存在がある。

これら二つを総称したものを古来、人間は神とか神様、創造主などとして祀ってきたのではないでしょうか。**自分の意識を広げていった先に、最終的には宇宙意識とつながるわけです。**今現在の制約を取り払い、制約を超えて意識を広げていくための手段が世界各地に伝わっている宗教や秘教、密教であったりするのです。

第6章

運をたぐり寄せる心構え

パワーグッズを身に着けて、自宅に結界を張るだけで
幸運が舞い込む
ということはなかなかありません。
運をたぐり寄せるために必要な他者頼みではない、
意識の持ち方、生き方とは何か――。
自分の波動を高めるために何をすべきか学びます。

イエス・キリストが起こした数々の奇跡もプラシーボ効果だった!?

自宅に結界を張ったり、パワーグッズを身に着けたからといって、それだけで運をたぐり寄せることができるかというと、そうではありません。

自分が「こうありたい」という意思など、ポジティブで前向きな感情と合わさることで、パワーグッズは効果を大きくさせていくのです。

ここからは、運をたぐり寄せるための考え方、心構えなどをお伝えしていければと思います。

一つめは、**信じることの重要性**です。

たとえば、パワーグッズって本当に効果があるのかって、思われる方がいらっしゃいます。私も聞かれることがあります。

そういうとき、私はイエス・キリストの話をすることにしています。

イエス・キリストは皆さんご存じのとおり、数々の奇跡を起こしましたが、**いちばん多く行ったものが病気治しになります。瀕死の状態だった人間をそれこそ生き返らせたりした。**

中でも有名なのが、ラザロの復活ともいわれるヨハネの福音書11章1節に出てくるキリストの友人であるラザロをよみがえらせたという話です。死者をよみがえらせるというその力が災いし、政治的な脅威となるということで、キリストは捕らえられ処刑されることになるわけです。

ただキリストが起こした奇跡には、大前提があります。それは、皆が信者だったということです。

キリストが地球始まって以来の能力者の一人であることに間違いはないと思うのですが、そのイエス・キリストをもってしても信じている信者にしか奇跡は実現しえなかったわけです。あくまでも、イエス・キリストを信じている人にしか奇跡は起こらなかった。**逆に言えば、信じていない人には奇跡は起こらなかったし、奇跡の対象外**

ということです。
ですから、すごい聖なる力がもしあったとしても、信じていなければその力は及ばないということです。否定していれば、その人はブロックしていることになるので、入ってくるわけがありません。

信じる者は救われるということわざがありますが、その通りです。**物理次元で起こるエネルギーではなく、霊的次元というかスピリチュアル的なもう少し波動が高い世界のエネルギーというのは、それを受け入れるのか、それとも受け入れないのかということで、作用するかしないかが決まるということ**だと思います。
ポジティブな人は受け入れているわけだから、その受け入れた力でもって超常的な現象が起こる。もちろん当店のお客様も、皆さん信じていますよね。**信じている人がパワーグッズを購入して、一定数の人に良い現象が起こったり、自宅のパワースポット化に成功し、良い結果が出たりするということ**だと思います。

信じるか信じないかで、結果が変わってくるのはプラシーボ効果といって医療の現場でも見られます。**本当は薬ではない物を薬だと言って投与すると、相応の効果が出ることはご存じでしょう。**実際の診療でも、医師と患者との間に信頼関係があるのと、ないのとでは治療成績も全く違ってきます。

極端な話、宇宙人がＵＦＯで現れて特殊な光線を発して病気を一瞬で治してしまうＳＦのような未来も、信じていればありえる話ではないでしょうか。信じることでエネルギー変化が起こり、ポジティブな結果をもたらすということが仕組みとして証明される日もそう遠くないと私は思います。

いわゆる「引き寄せ」を味方につけるために必要なこととは？

引き寄せの法則についてはいろいろな人が語っていますし、関連する本もたくさん刊行されていますから、ご存じの方も多いと思います。

よく言われるのは、**自分の願望をより具体的に思い描いたり、ノートに記したりすることでその願望を引き寄せることができる**ということです。漠然と「お金持ちになりたい」とするよりは「1000万円を手に入れたい」とより具体的にしたほうが良く、「●●●を手に入れたい」よりも「●●●を手に入れた」とすでに起こったこととして過去形にすると良いと言われています。

私は「引き寄せ」というのは現実化能力だと解釈をしています。そして、現実化するには自分の波動を高めなくてはなりません。波動が高まれば高まるほど、現実化に近づくのではないでしょうか。

ですから**邪気にまみれた人が、引き寄せの法則に則っていかに過去形で自分の願望を表現したとしても、現実化するのはなかなか難しい**のではないかとも思っています。自分の波動を高めるには、なにより邪気やネガティブなエネルギーを取り除くことが必要です。そして、自分をポジティブに持っていかなければなりません。

何事も意識が中心だ、と私は考えています。神も宇宙意識だと考えていいと思いま

す し、宇宙意識が波動の世界に影響を及ぼし、さらにそれが物質的な世界に影響する。まず意識ありきで、現実が作られている。

邪気を取り除き、波動を上げるにはいろいろな方法があります。自宅をパワースポット化することはもちろん、その大きな助けとなるでしょう。ただし、いずれにしても自分の波動を高めなければ、自分が思ったことを現実化するのは難しいということです。

逆に言えば、**波動を高めれば自分の願望を現実化する可能性は拡がる――**。引き寄せについて、スピリチュアル的に解釈をするとこのようになると思います。

なぜスピリチュアル好きは、地に足を着けた生き方が必要なのか？

スピリチュアルに興味があるのなら、一方で、地に足を着けた生活が大事です。**宇**

宙とか高次元だとかに意識が向かってしまうがあまり、現実を見ないで現実逃避のようになってしまう人がいるので気をつけたほうが良いです。意識だけが高次元のほうに行ってもバランスが悪い。

実際、スピリチュアル好きの中には、例えば会話をしていてもフワフワした感じの人がいます。話を聞いてみると、無職で生活が破綻していたり、働かなくても実家に親と住んでいるからなんとか生活が成り立っていたりするという人がやはりいるわけです。

能力者の中にもそういった浮世離れした人がいますが、信用できないですよね。宇宙からの情報とか、いろいろな知的生命体からのメッセージとかが聞こえるのだとしても、真実ではなく雑音もあるわけで、それに振り回されてしまうことになります。

霊的な感度が高ければ高いほど雑音が聞こえますから、それに振り回されないようにするために、地に足を着けることが大事です。

ことわざにも「地に足を着ける」とありますよね。スピリチュアルな世界にもそれが当てはまります。

自分のエネルギーを地球のコアに結びつけるように

実際、グラウンディングという手法があるので習慣にするのがお勧めです。自分から出ているエネルギーを地球としっかり結びつけるために行います。

方法は簡単。**グリーンコードと言いますが、緑色のコードが自分の股の下から出ていて、それを地球のコア（中心）に巻き付けるようにイメージをする。**何か特別なテクニックがあるわけではありません。立って、頭の中でそうイメージをするだけでいい。

慣れないうちは裸足になって、土の上に立って行うと実感がしやすくていいかもしれません。慣れてくれば、足が地面に接していなくてもどこにいようができるようになります。タワーマンションの最上階にいても良いわけです。

銀座で店を始める前は、ふわふわしている、それこそ地に足が着いていないようなお客様が多いのかなと思っていましたが、予想が外れましたね。社会的な生活基盤があって、皆さんしっかりしています。地に足が着いているからこそ、視野が広くなって遠くを意識できるのだなあと日々、店でお客様と接していて感じます。

第7章

死ぬまでに訪れてみたい、世界中の聖地

宗教や人種、地域などは問わない真理というものが存在するのがスピリチュアルな世界です。

ましてや、高次元の存在である高級霊や知的生命体においては地理的・距離的制約など存在しません。

かたや、世界には地域特有のパワースポットが存在するのも本当です。

本章では実際に足を運び、その地を踏んで気づいたこと、実感したことを紹介します。

ヨーロッパ最高のパワースポット「ルルドの泉」が起こす奇跡とは？

カトリック最大の巡礼地にして、ヨーロッパ最高のパワースポット、それがルルドの泉です。私が初めて行ったのは2011年で、今までに4度行ったことがあります。

1858年2月11日、ベルナデッタという村の少女がマッサビエルの洞窟のそばで薪拾いをしているときに聖母マリアが出現したことが始まりでした。聖母の指示で洞窟の地面を掘ったところ、泉が湧き出して、「ルルドの泉」となったのです。

その水で奇跡が起こります。例えば、**石工でありながら白内障を20年間患い、仕事がうまくいかずにいたルイ・ブリエットが泉の水で顔を洗ったところ、即座に白内障が完治します**。そして、病気治しの奇跡がその後も続くのです。

1903年には結核性腹膜炎《けっかくせいふくまくえん》で瀕死の状態にあった患者のマリ・フェランが、目前で数滴のルルドの泉の水によって即座に完治したことを、後にノーベル医学賞を受賞するカレル博士が学会で発表しました。この発表がきっかけで「ルルドの泉」は世界中に知れわたることになります。

聖母マリアの姿は、ベルナデッタ以外には見えていませんでした。名前も名乗らず、ベルナデッタはその女性のことを「あれ」と呼んでいたそうです。ですから当初は神父をはじめ周囲も半信半疑でどのように理解すべきか、とまどいもあったはずです。

ではなぜ、周囲には姿が見えない女性のことを聖母マリアだと信じるに至ったのでしょう。

神父はベルナデッタに女性の名前を聞いてくるよう命じていたので、何度も尋ねていました。そして、16回目の出現時にようやく聖母マリアが、「無原罪《むげんざい》の御宿《おんやど》りです」

と答えたからなのです。

というのも、**「無原罪の御宿り」というのはその4年前、1854年に新たに宣言されたばかりのカトリックの教義で、当時まだ知る人は高位の聖職者に限られていました。なにより、ベルナデッタは文盲だったため、そんなことを知るはずもありません。**そうした経緯で聖母マリアの存在が本物だと認められるようになり、ルルドの泉が今のようにカトリック最高の聖地となったわけです。

ちなみに、**高級な本物の神霊というのは自ら名乗ることをしません。自分から名乗るのは低級霊や動物霊ですね。**ですから日本では神がかりが起こったときに、どのような神様なのか、神霊なのかを調べて鑑定をする人がいて審神者《さにわ》と言います。

ルルドの泉はフランスにあって、ピレネー山脈のふもとに位置します。その泉の水はピレネー地方に降った雨水が350年かけて地下から湧き出てきたもので、ゲルマニウムと活性水素を多く含む無味無臭の軟水です。その長い年月を考えただけでも本物という感じがしませんか。

ただ実際に奇跡だとルルドの医療局が認定したケースは現在70例ほどです。ルルドの泉の奇跡の認定はとても厳しいのです。

まず一つめが、無治療であること。薬も飲んでいないし治療もしていないということですね。

二つめが、即座に完治すること。ルルドの泉の水を飲むなり体にかけるなりして、すぐに治らなければならない。

三つめに、再発をしていないこと。10年とか長い間の経過も見ているということですね。

四つめが、医学的に説明がつかない治癒であること。理論的に説明がつくような治り方では奇跡だと認められないということです。

そして最後が、カトリックの熱心な信者だということです。離婚歴があってもダメで、カトリックの教えに則り厳格な生活を過ごしていなければならない。

いかがでしょう。**治癒の報告はその100倍の7000例くらいになることを見てもいかに奇跡と認められることが難しいか、よくわかります。**

ルルドの泉の水はその場で飲むことができます。皆さん、大体その場で飲まれます。そうでなければ好きなだけ持ち帰ります。ゲルマニウムや活性水素が含まれていることは検証済みですが、ルルドの泉の水にはやはりエネルギーというか波動といったものが含まれているのだと思います。

水はもともとエネルギー転写をしやすいので、水にミラクルなパワーが入って、それを飲むことで超常現象が起こるということだと思います。

ルルドの泉はカトリック最大の巡礼地ですが、一方で異教徒も歓迎されている特別な場所です。

カトリックというと厳格なイメージがありますが、奇跡のメダイ教会と呼ばれるパリの「不思議のメダイの聖母の聖堂」と、ここルルドの泉だけは違います。異教徒でも効力の恩恵が得られます。

ですからルルドには、仏教徒のボランティアがいるのですね。つまり、懐が深い。現地に行くと、ピラミッドやゼロ磁場の分杭峠で感じるようなガツンとビリビリくるようなエネルギーではなくて、本当に清浄なエネルギーを感じます。聖母マリアの癒しの力、マリアエネルギーに満ち溢れている。このようなパワースポットは世界でもなかなか見当たりません。

風水の秘術中の秘術「観落陰」の世界に潜入してわかったこと

本章のテーマから外れますが、**中国の三大宗教といえば儒教と仏教、そして道教**と言われます。日本では風水といったほうがわかりやすいですね。

その道教の秘術である観落陰《かんらくいん》は秘術中の秘術であり、行える道士が非常に少ないことで知られています。

観落陰では、霊界や幽界というのは現実世界とつながっていて、生と死で分け隔てられているものではないと考えられています。

私が聞いた話では、霊界か幽界に自分の家があるそうです。そして、その家が荒れていると、現世にも悪影響が現れる。例えば、霊界にある自分の家の庭木が枯れると死んでしまうといった具合です。

ですから、霊界の庭木に水をあげたり肥料をまいたりする。要するに霊界の家の状態と、現世の人生が連動していて、それを良好な状態にもっていくのが観落陰です。

観落陰では霊界まで行けることになっていますが、私が参加した観落陰では最上位の神仙界の中でも紫微垣《しびえん》という最高のところに家があるスピリチュアルヒーラーの先生が参加されていました。道教では天帝（造物主）の住む場所として限られた神様しか入れないところです。

寝ていては霊界や幽界に行けないので、起きた状態のままリモートビューイングの意識状態に入ります。

その先生の導きで紫微垣に行くことができたのですが、そこは極彩色の曼荼羅《まんだら》みたいなとても美しい世界でした。そこに時間の感覚はなくて、起きたまま夢を見ているような状態でしょうか。

私の家は霊界にありました。七福神の福禄寿《ふくろくじゅ》のような杖を持った、頭がツルツルのおじいさんが私をガイドしてくれたのです。

チベットの三重塔のような外観でした。色はあるのですが極彩色ではなく、あまりきれいではない簡素な寺のようでしたね。

ガイドから「米びつはどうですか?」と聞かれるので、自分の家の米びつの状態を見て、米が入っていなければ補充をします。**米が空っぽというのは、現世でお金がないということなのですね。**

観落陰に参加すれば必ず、霊界や幽界に行けるわけではありません。霊界や幽界に行きやすくするために、観落陰の儀式の場では、道士が木魚をポンポン叩いて、参加者を変性意識状態にもっていきます。

その点、私はスピリチュアルヒーラーの先生に連れられて、霊界や幽界どころか、その最上位の世界まで行って見ることができました。非常に稀有な体験だったと今でも思っています。

貸し切ったからこそわかる！
世界最強のピラミッドパワーの実態とは？

世界の七不思議をご存じでしょうか。紀元前2〜1世紀ごろに古代ギリシャ人たちが記した驚異的な建造物のことを言うのですが、ロドス島の巨像、アレクサンドリアの大灯台、マウソロス霊廟《れいびょう》、アルテミス神殿、オリンピアのゼウス像などはいずれもはるか昔に破壊されていますし、バビロンの空中庭園にいたってはそもそも存在しなかったのではないかという説もあります。

現在なお残っているのは、エジプトのピラミッドだけです。

当店のお客様も圧倒的にピラミッド好きの方が多いです。私もピラミッドに行っていますが、先の説明にもあるとおり、この店を始めたきっかけにもなっています。ピラミッドの中に入ってから数ヵ月後に、店を出す話が急浮上しました。ピラミッドとは不思議な縁があるのです。

ピラミッドを貸し切り行った儀式で女神イシスのお告げが！

私はこれまでに2度、エジプト政府からクフ王のピラミッドを貸し切って中に入っています。1度目は2013年3月20日、現地の春分になります。

春分の日ということに意味がありました。それはなぜか。古代エジプトは太陽信仰ですから、春分の日を境に太陽が新たなパワーを得て新たなサイクルに入ると考えられています。**ピラミッドのパワーが最も強くなるのは春分の日だと言われているのです。**

個人観光客としてピラミッドに入っても短い時間しかとどまることができませんが、貸し切ることで儀式ができるようになる。ピラミッド観光では「王の間」には入れますが、ピラミッドの中央に位置する「女王の間」は一般には非公開です。

しかし、ピラミッドを貸し切ったことで幸運にも「女王の間」に入ることができました。

実際、ピラミッドのパワーはものすごいものがあって、入ってすぐに全身にビリビリきます。

私はいろいろと世界のパワースポットに行っていますが、いちばんパワーが強かったのはピラミッドです。エジプト神話に出てくる女神イシスとトート神の召喚儀式を複数の能力者とともに行ったのです。

ルクソールの王家の谷で製作されたピラミッド石を持ち込んでいたのですが、「この石にエネルギーを入れるから、持ち帰って皆さんと分かち合うように」とのお告げをイシス神からいただきました。

このピラミッド石を使って、非物質のピラミッドを自分自身の中につくりだす「ピラミナジー」というエネルギーワークを私が始めるようになったのは、このお告げがきっかけです。

このときの写真を見ると、いろいろな神霊が降臨してきたのでしょう、空間を飛び交っているオーブがたくさん写っています。アカシックリーディングをされる霊能者の方が「ピラミナジー」を見学されたときに、私の後ろにトート神が来てエネルギーを入れているのが見えたと言っていました。

ピラミッドのパワーというのは、豊かさのエネルギーです。

「ミューオン」と呼ばれる宇宙を飛び交う素粒子を利用して、ピラミッドの中に未知の空間が新たに発見されたと最近、ニュースになりました。この空間は長さが約9メートルで、ピラミッドの入口付近にあるそうです。21世紀で最も重要な発見だ、というエジプトの元考古相のコメントも寄せられていました。

ピラミッドは辞書で調べると「金字塔」と出ます。つまり漢字の「金」とはピラ

ミッドのことなのです。

王の間、女王の間、地下の間という三つを見てもらうとよくわかりますが、三層構造で斜めに走るシャフトも含めて、金という字の形がピラミッドの内部構造になっている。古代の中国人は、どのようにしてなのかわかりませんが、ピラミッドの内部がわかっていたとしか思えません。※194ページの図を参照

米ドルの1ドル札にもピラミッドが描かれている。ドルが世界の基軸通貨になれた理由もそこにあるのではないでしょうか。

ピラミッドをシンボルにするというのはアメリカだけの話ではありません。

ルーブル美術館の中庭のナポレオン広場にはルーブル・ピラミッドがありますし、日本でも国会議事堂の上部はピラミッド構造になっています。ビルの屋上にピラミッドをモチーフにしたシンボルが置かれていることも珍しくありません。

当店では投資家やトレーダーのようなお金を大きく動かす仕事の人が、利益が出るたびにピラミッド石を購入されていきます。

マチュピチュは宇宙との接点？ ナスカの地上絵はＵＦＯの滑走路？

世界の七不思議で唯一現存するのがピラミッドでしたが、現代版世界の七不思議の一つとされているのがペルーにある空中都市、マチュピチュです。私も一度訪れたことがありますが、アンデス山脈の上にあって、とても波動の高い場所でした。

マチュピチュは15世紀半ばのインカ帝国時代に築かれたとされていますが、遺跡の石組がなんとも不思議でした。

見た目で大きく3種類に分かれるのですが、古いものほど石の組み方が精密なのです。太陽の神殿なども含め、超精密に組まれた石組があって、それらはインカ帝国以前、つまりプレインカのものだと私は思います。明らかにインカ帝国時代とは異なる組み方がされた石組が現存しています。そして、インカ帝国時代の石組があって、さらに近代になって粗雑に組まれた石組がある。

実際、その最も精巧な石組は、造られた年代が不明なままなのです。

ですからエジプトのピラミッドもそうでしたが、**古代では石をやわらかくすることができたとする古代コンクリート説があります**。薬草を石にしみこませてやわらかくしたという説や、笛の音で、つまり音波で石をやわらかくしたという説もあります。

マチュピチュの遺跡も石が一つ一つ大きいですから、笛の音で石を軽くした、重力をコントロールしたというような話まであるのです。

マチュピチュの遺跡が見つかったのは1911年です。アンデス山脈の隔絶された地になぜ都市を築いたのか。皇帝の別荘だったとする説や、宗教施設だったとする説など諸説ありますが、**いずれにしてもそこで一時代を築いた人たちは生活の跡も残さずに忽然《こつぜん》と消えてしまった。これは、その地域全体でアセンションしたということです**。

つまり、アンデス山脈上に位置し、宇宙とのエネルギーの接点だったマチュピチュは、そこに住んでいた人たちがまとまって次元上昇したのです。

俯瞰的に世の中を見ると、**宇宙意識というものがあって、地球上でいろいろと試していることがあります。そして、その役目が終わった時にエネルギーを引き上げてしまう。次元が上がって、周波数も変わって、それまでは肉眼で見えていたものがいっぺんに見えなくなる。**

人間の遺体も人骨も見つからないわけです。忽然と消え、そして石だけが残った。それがマチュピチュです。

マチュピチュには水道が残っています。いまだにあの山頂まで水道が通っていて、今も水が湧いている。すごい技術ですし、とても不思議だと思いませんか。

ペルーには、もう一つ有名な世界遺産があります。アンデス山脈を下りて、太平洋へ向かう手前に広大な砂漠が広がりますが、そこに点在するナスカの地上絵です。**ハチドリや動物の絵が有名なので誤解されているのですが、その大半は絵というよりも直線で構成された幾何学模様でそれらはナスカラインと呼ばれています。**海外では地上絵よりもナスカラインのほうが有名だそうです。

私も遊覧飛行機に乗って上から見ましたが、ほとんど地上絵は見えません。飛行機は高度５００メートルくらいを飛んでいるのですが、地面まで遠すぎて見えないのです。

よく映像で目にするナスカの地上絵は鮮明ですが、あれは低空から撮影した特別なものなのですね。ですから現地の上空から見ても、あまり見えませんし、見えても直線の幾何学模様ばかりで驚かされます。規模感がもう圧倒的で、とても古代人が描いたとは思えません。

ナスカの地上絵は古代ナスカ文明のもので、紀元前後から８００年ごろまでの時代ですが、**ＵＦＯの滑走路ではないかという説もあります。実際、遊覧飛行機のガイドに話を聞くと２人に１人はＵＦＯを目撃しています。**さらに、ナスカが強力なパワースポットだというのは肌で感じることができます。

インカ帝国の都クスコ郊外にシャーマンの村というのが現存します。今でも週末になると、占いや祈祷《きとう》をしてもらいにこの村を多くの人が訪れています。

ナスカの地上絵からシャーマンの村は数百キロ離れているわけですが、ここのシャーマンに話を聞くと、自分たちのエネルギーの源泉はナスカにあると言いますね。ナスカの地上絵は部族ごとのシンボルや動物を描いているという説もあって、アンデスに住むシャーマンはナスカの石を使って、数百キロ離れたナスカのパワーを引き寄せているとも考えられているのです。

こうして考えると、アンデスとナスカには実は密接な関係があるのではないかと思いませんか。

ナスカの地上絵のエネルギーを、アンデスのシャーマンが受け取って、今なお祈祷や占いなどの場面で活用しているわけです。

私は、**ナスカラインについては、地球外生命体がエネルギーを飛ばすのに使っていたのではないか**と思っています。現地で見て肌で感じました。スケール感が飛び抜けていて、とても古代人が描けるレベルではない。動物などの地上絵は古代人が描いたとしても、数キロレベルのナスカラインはエネルギー操作の目的で宇宙人が描いたものが残っていると解釈しています。

なぜ日本の中央構造線にパワースポットが点在するのか？

日本が地震大国だというのはよく言われる話ですが、世界をマグニチュード5・5以上の地震頻度で見ると、中国、インドネシア、イランに次ぐ第4位（国連開発計画／UNDP「世界報告書：災害リスクの計画に向けて　2004年8月」）。**日本は太平洋プレートとフィリピンプレート、ユーラシアプレート、北米プレートの4つが交差し、ひしめきあっている世界でも珍しい場所です。**

中央構造線というのは、フィリピンプレートとユーラシアプレートがひしめきあった断層で、関東から九州の南部まで1000キロ以上続く断層です。**宇宙から地球を見たときにも、うっすら線が見えるくらいの規模なのです。**

この中央構造線を見てみると、鹿島神宮、諏訪《すわ》大社、分杭峠《ぶんぐいとうげ》、豊川稲荷、伊勢神

世界の地震頻度ランキング（マグニチュード5.5以上）

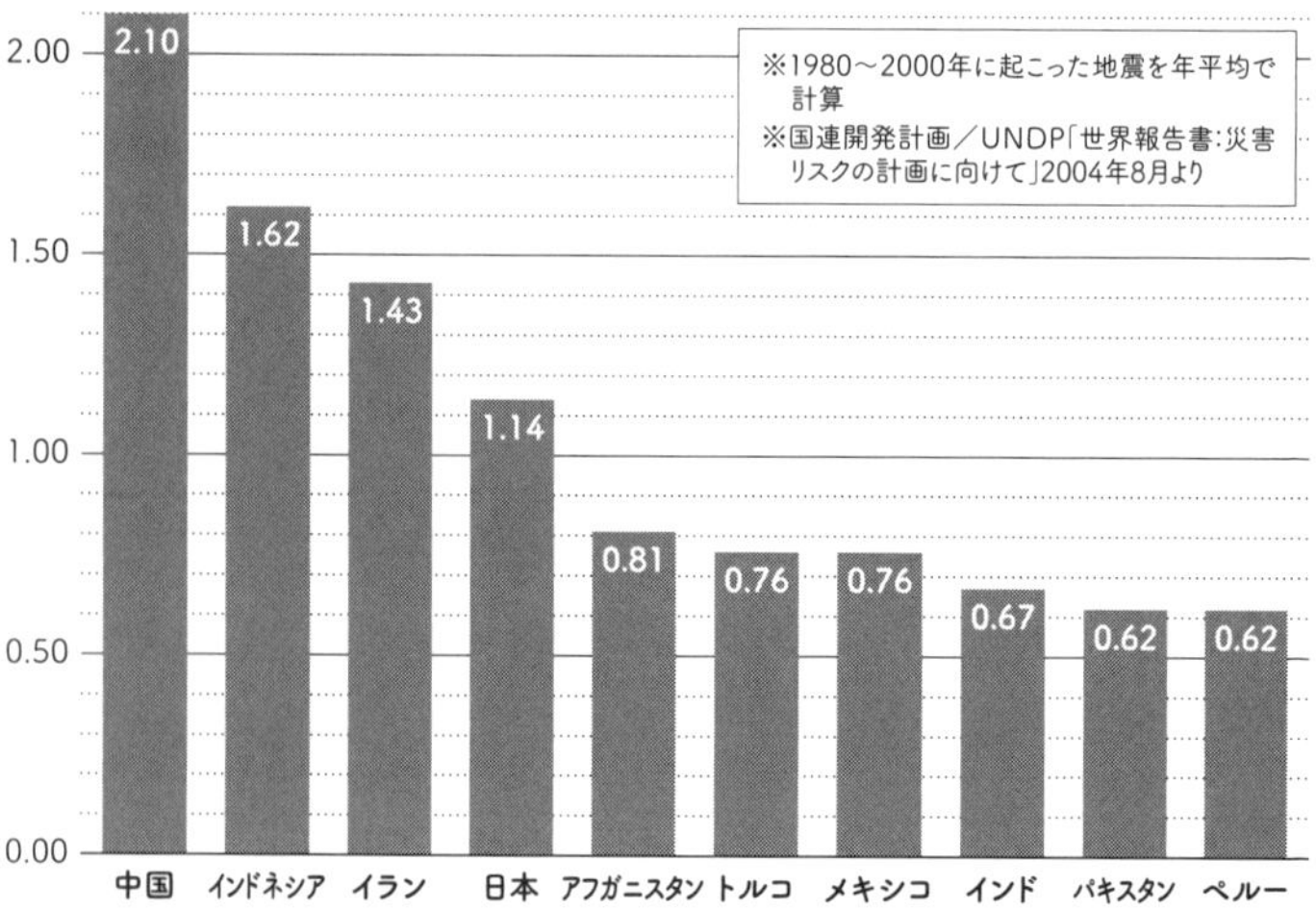

宮、高野山、剣山《つるぎさん》、石鎚山《いしづちさん》、幣立《へいたて》神宮まで、名だたるパワースポットが茨城県から本州、四国、九州を貫いています。

これは決して偶然ではありません。**昔の能力者は、当然その場所にパワーがあることをわかっていた。なにかを建立するというときに、そこに召喚するといったことをしていたわけです。**

鹿島神宮を除くと、それぞれのパワースポットが平地ではなく山の上にあるのもわかります。

山の上はもともとエネルギーが強いところが多く、パワースポットになっているわけです。中央構造線上に地球のエネルギー

日本の中央構造線とパワースポット

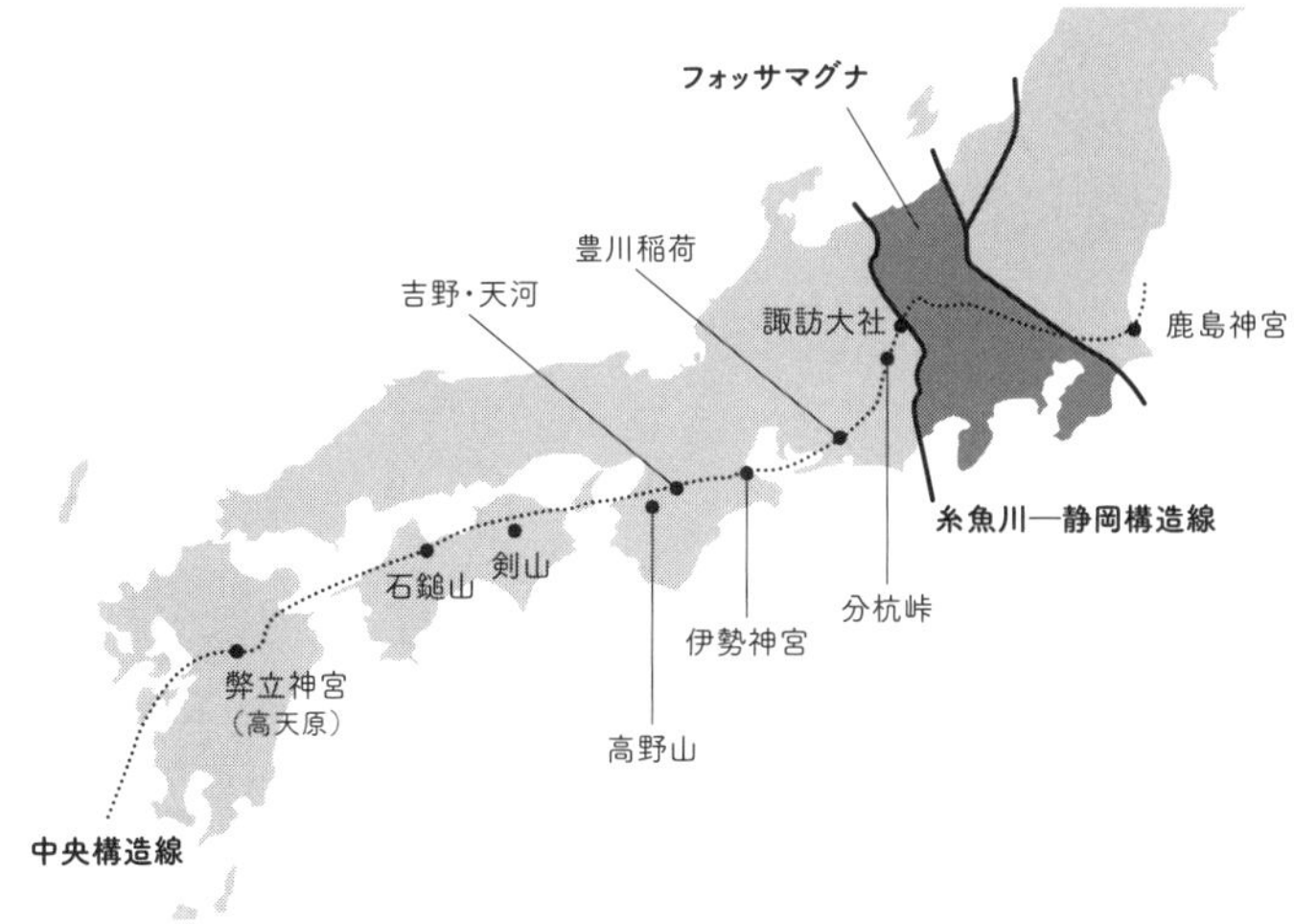

が噴出していると考えていい。そこに行くと、病気が治ったり、運気が好転したりといったことが昔から今までずっと続いているわけです。

ちなみに、糸《いと》魚《い》川《がわ》構造線とも呼ばれますがフォッサマグナという大きな溝が本州を分断するように南北を走っています。

そのフォッサマグナと中央構造線とが交わる地点を見てみると、そこにあるのが諏訪大社です。諏訪大社は、地理的にもパワースポット的に考えても、日本のへそなのです。

カーナビの調子が悪くなる!? ゼロ磁場のパワースポット「分杭峠」

分杭峠は諏訪大社からおよそ50キロ南に下ったところに位置する日本が誇るパワースポットです。「ゼロ磁場」とも呼ばれますが、**中央構造線上にあるものの神社や仏閣があるわけではありません。これだけのパワースポットが最近まで放置されていたことは、大きな謎とされてきました。**

実は、能力者によると、分杭峠のパワーは約2200年前から封印されてきたものだと言われています。分杭峠一帯には無数の気場が存在し、そのエネルギーの属する次元も多次元にわたります。

敏感な方ですと、地球から出ているエネルギーを感じることができます。あるラジオ番組で、アナウンサーが分杭峠の現地レポートをする際、「足元から今、ビリビリきています」と興奮ぎみにレポートしていたこともあります。

相撲の取り組みを観ていると、力士ががっぷり四つに組んで動かないことがありますよね。力と力がぶつかり合って、エネルギーが相当かかっているにもかかわらず、目に見える動きはないというような。

分杭峠もそれと同じで、**エネルギーに満ちているけれども、その力が拮抗しているという理由でゼロ磁場だと言われているのです。**

実際に機器を持ち込んで地磁気を計測したことが私はあります。計測上、地磁気はゼロではなかったのですが数値が上がってきませんでした。

コンパスを持っていくと針がグルグル回るということも起こりません。ただ、コンパスの針が定まらないし止まらない。常に振れている、そんな場所です。

だからでしょうか、カーナビがうまく働かなくなることがよくありますね。位置情報の確認に磁気を使っているので、そういったことが起こるわけです。お客様からもよくそういった報告を受けます。

高野山の阿闍梨は分杭峠のことを3次元ではなくて、3・5次元か4次元か、通常

の世界よりもちょっと高いと言いますね。 分杭峠には一般には非公開の「本命気場」というスポットがあるのですが、そこはもっと次元が高くて7次元とつながっているそうです。相応の修業を積まれた方が、地元の神霊の許可を得なければ立ち入ることができない場所だとされています。

分杭峠には気の出ている「気場」が無数に存在しており、それぞれが移動しているので、どの場所でもパワーに満ちあふれているわけではありません。**人が多く集まる地点では逆に悪いものをもらってくることもあるので気をつけたほうが良いです。**

人間誰しも邪気を持っていますが、パワースポットに行くのは何か問題を解決したいという想いがあるからですよね。そこに着くと自分のネガティブなエネルギー、強い邪気を出そうとするわけです。ぶちまける人もいれば、そっと置いていく人もいるでしょう。

パワースポットで知られる有名な神社に参拝してから不調となったりするケースもありますが、他の神社でお祓いを受けたら収まったという話を、ラジオ局のディレクターからご本人の体験として聞いたこともあります。

そういった現象が起こるのは、**パワースポットが悪いわけではありません。やはり、大量の邪気を浄化するには時間が必要になるということです。**ですから、あまりに無防備ですとネガティブなエネルギーを拾ってしまって、帰ってからおかしなことが起こったりするので注意が必要です。

分杭峠自体はエネルギーに満ちあふれているので、ポジティブなことがよく起こります。テレビ番組でも、行きは車イスに乗って分杭峠に行ったおばあちゃんが、帰りはなんとか立って歩いて帰った様子を紹介していたこともありました。

五十肩や腱鞘炎《けんしょうえん》が治ったなんて話は珍しくありませんし、願掛け目的に分杭峠に行く投資家の方も多い。タレントやスポーツ選手にも分杭峠にお忍びで行かれている方がいます。

私は複数の霊能者から、分杭峠は宇宙との接点だと聞いています。巨大なエネルギーの柱が天空に向かって伸びているのを見たという能力者もいます。

奥のほうに水汲み場があるのですが、昔はマイカーの乗り入れができたのに今は禁止されている。崖崩れが頻発して、徒歩でしか行けなくなっています。地元の方から聞いた話では、この一帯を守護している神霊団が霊能者を通じて警告してきたそうです。ここには来るなと言っているのですね。

あるポイントは神霊の聖域になっているので、人間には立ち入れさせないということを警告する意味で崖を崩す。行く場合は自己責任でということです。私が分杭峠のエネルギーをジェネレーターに転写する際にも、事前にきちんと現地で神様にお伺いを立てています。

ポジティブなエネルギーをもらえればそれこそ百人力ですが、誰でも良いというわけではない。波動が低い人が行けば、神様が聖地を汚されると思って嫌がりますから。厳しいけれど、分杭峠は本物のパワースポットです。

第8章

これからの時代に自分を最適化する方法

スピリチュアルな世界にも2025年問題が存在します。
地球がいよいよ次元上昇へ向けて、
最後の大掃除の段階に突入しているというふうに
考えられているのです。
AI宗教やアンドロイド観音まで実在する昨今、
来るアセンションに向け、
どう生きていくべきか——探っていきましょう。

2025年は節目の年
〝次元上昇する世界に残るために〟

少子高齢化に全く歯止めがかからないまま、いよいよ2025年問題が待ったなしで私たちの前に立ちはだかっています。労働力が不足し、経済は停滞し、医療や介護の負担増など問題は山積みです。国民の3割が65歳以上になるという超高齢化社会というのは一体どのような世界なのでしょうか。はたして日本はどうなっていくのでしょうか。

スピリチュアルの世界でも2025年が一つのターニングポイントになるであろうということが、いろいろな場面で語られています。

地球は今、アセンション軌道に乗っている、次元上昇する準備段階にすでに突入しているると考えられているのです。

これはどういうことかと言うと、**地獄界とか低層四次元などと呼ばれるいわゆる低**

い次元の世界がなくなってしまうということです。

レベルの低いものたちの世界はなくなってしまう。地球の大掃除が行われるということです。

世の中、死んだらそれで終わりだと考える唯物論《ゆいぶつろん》をお持ちの方もいるでしょうが、輪廻転生《りんねてんせい》を信じている方もいますよね。

死んで肉体は滅んだとしても、魂はずっと永続するという、地球独自のシステムが今は存在し、それで成り立っている。それが地球のアセンションに伴い、なくなってしまうのです。

これは、魂魄消滅《こんぱくしょうめつ》という世界です。

「魄」という字になじみがないかもしれませんが、人の肉体をつかさどる気のことを意味する言葉です。ですから魂魄消滅というのは寿命が尽きたら、魂も肉体も消滅してしまうという概念になります。私にとっては、少々恐ろしい世界と言ってもいい。

ひと昔前であれば考えられないような、病気が世界的に流行ったり、残虐な侵略戦争が起こったり、人がなす術もないような天変地異が続いたりしているのは、すべて地球の大掃除が行われているからという考え方があるわけです。

高級霊や高次元の生命体などが、いわゆる「最後の審判」の意味合いで地球を大掃除しているのですよ。

私は地球がアセンションするのであれば、それについていきたいですし魂魄が消滅してしまう世界になってほしくありません。

次元上昇した世界に残りたいと私は思うので、目に見えない世界や、いにしえから言い伝えられている世界に想いを馳せることがあります。これまでずっとスピリチュアルな世界に惹かれ、傾倒し、こうしてお店を開いているわけですが、より精神世界への意識を高めているわけです。

エジプトの神話に出てきますが、古代には神人《しんじん》というわゆる神に近い存在が肉体を持っていた時代があったと思っています。古代のエジプトの神々が私たちの祖先と共存していたと、私のアカシックレコードではそうなっている。

また、高度な超古代文明というものが存在し、そしてそれが消滅した原因とされている古代核戦争というものがあったとしても不思議ではないと私は思うのです。

いずれにしても地球のアセンションについていきたいと思うなら、目に見えない現象や世界のことを少しでも身近に感じることが大切だと思っています。

もしご縁がありましたら、当店でスピリチュアルの世界に触れていただくのも、そのような良いきっかけになると思います。たとえそれが直接はアセンションにつながらないとしても、ポジティブなエネルギーを自分の中に取り入れる契機になると思います。

アセンションへ向けて地球が大掃除中の今すべきこととは？

すでに過ぎ去った話ですが２０１２年にアセンションする、つまり次元上昇が起こるとスピリチュアルの世界では盛り上がったことがありました。そういったテーマで本もいろいろと刊行されたので、覚えていらっしゃる方もいるでしょう。

でも実際には、このときアセンションは起こらなかった。お客様の中にも、2012年の冬至にアセンションが起こると周囲に広めて、結局何も起こらなかったので赤っ恥をかいたという人がいらっしゃいました。

私はアセンションが突然に起こるということはないと思うのです。

世の中が急に消えてなくなるといったことは起こらない。だからと言って、アセンションというものがそもそもないということでもないのですね。それは、宇宙の運行上の問題として意識を拡げてとらえたほうがいい。

地球は太陽の周りを回っています。さらに太陽系は銀河の中心を回っている。銀河も宇宙の中を移動している。

つまり、宇宙全体で見たら、地球が同じ場所にいるということは起こらないわけです。地球が常に未知の領域に移動していると考えるとどうでしょうか。何かが起こっても少しもおかしくはないと思いませんか。

地球に目を向けてみると、文明はすさまじいスピードで進んでいます。産業革命以降、特にここ最近の進歩は本当に目覚ましい。地球の波動が徐々に上昇していると私は感じています。

また、イエス・キリストが誕生した２０００年以上前のことを考えると、スピリチュアル的な知識を持っていた人は今と比べると圧倒的に少なかったはずです。その点、今の時代はスピリチュアルな世界が市民権を得ているとも言えます。

このような状況で地球の波動が上がりつつあると、いったいどういうことが起こるのかと言うと、ちょっとしたことで特殊能力が身についたりするのですね。ワークショップとか霊的な修行を少々行うだけで、能力者になったりする。例えば、**お客様にもいるのですが、パワースポットに行っただけで何かスイッチが入ってしまうといったことが起こる**のです。

その一方で、ＵＦＯとか宇宙人とかが突然、目の前に現れたらほとんどの日本人は思考停止になってしまいます。スピリチュアルな現象を普段から受け入れていない人は、突然の超常現象に反応ができません。アメリカをはじめ海外に比べると、日本はまだまだ遅れているのですね。

コロナ騒動が始まる少し前に、高野山の阿闍梨から手紙をもらったことがあるのですが、そこには二極化がすでに世界で始まっているとありました。コロナにしてもウクライナの戦争にしても、ありえないようなことが現実に起こっているわけです。これからもどんどんとんでもないことが起こると私は思いますよ。

地球の大変革というか、**地球は大掃除の時期に今、突入していると思うのです。霊的な意味で、エネルギーの浄化が始まっている。**

集合意識的に一気に何かが起こるということはなくても、地球の波動がこれだけ上昇し続けているのですから、**私たちは何が起こってもおかしくないと準備しておいたほうがいい。何が起こっても思考停止にならないような心構えというか姿勢が求められている時代だと思うのです。**

その点で、当店のお客様は比較的に視野が広く、スピリチュアルな世界に関心を持ち、理解も深い方が多いので安心しています。

ウイルスのネガティブエネルギーを自分と同化させるには

新型コロナウイルス騒動が終息に向かっている中で、ここ銀座でも海外からの旅行客が増えてきました。ホッとされている方も多いと思いますが、スピリチュアルの業界では、世間で言われるほどコロナには振り回されていなかったように思います。当店に限れば、店内ではマスクを外される方が意外と多かったです。

コロナ騒動で再確認することになりましたが、**ウイルスに感染することと、発症することとは同義ではありません。**感染はしても発症しない人が一定数いるわけです。**では、発症する人としない人との違いはなんでしょうか。**

医学的に言えば、免疫力の話になるのでしょう。免疫力が強ければ発症しないが、弱ければ発症してしまうという。

ではスピリチュアル的にはどうかと言うと、エネルギーを同化させることができるかどうか、だと思います。**ネガティブなエネルギーを取り込んだときに、それを自分の中でポジティブなものに変換できるかどうか、それが発症するかしないかの違いとして現れる。**

能力者の中には、コロナワクチンを打った人もいれば打たない人もいました。皆さん、ワクチンを打つ必要はないと思っていても、世間体を気にされて打たざるを得ない能力者もいたわけです。特に近所付き合いが活発な地域に住んでいるとそういった同調圧力が強いと聞きましたし、実際にそうだと思います。

でも、彼らはそのワクチンの効力を無力化させてしまうのです。**打ちたくないワクチンを打ったとしても、その影響を受けないようにしてしまう。異物が持つエネルギーを自分と同化させることで、ないものとしてしまうわけです。**能力者はウイルスにもワクチンにも影響されないように、自分の中をコントロールすることができる。

コロナが怖いというふうに意識が向いてしまうと避けるどころか、かえって引き寄せてしまいます。つまり、感染して発症してしまうわけです。

恐怖心がネガティブなものを引き寄せる、最大のきっかけになってしまう。ネガティブな引き寄せの法則というものもあるのですね。

いちばん大事なことは、自分の意識をどのようにして良い状態に保つかということではないでしょうか。

インド人にとって瞑想はとても重要なもので、日常に組み込まれています。瞑想することによって日々、意識を整えている。

シリコンバレーの有名テック企業のＩＴ系技術者はインドにルーツを持つ人が多いことで知られていますが、彼らはプログラムコードというものは自分が生み出しているのではなくて、宇宙から降りてくるものだと言うのです。瞑想はそのために役立つし、意識も整って仕事の効率も上がるという話をよく耳にしますが、実際に私もその通りだと思います。

ChatGPT時代のAI宗教は今後どうなる？

２０１９年の春、京都東山の高台寺《こうだいじ》が総事業費1億円のアンドロイド観音を一般公開しました。顔と首回り、手だけがシリコンで覆われ、他の部位は機械がむき出しの姿。合成音声で法話を行う観音菩薩像の姿をご覧になられた方はどんな印象を持たれたでしょうか。

さて時代はどんどん進んで、今はChatGPTの話題で持ち切りです。私もどんなことが可能になるのか早くから注目し使ってきました。２０２３年3月のバージョンアップではAI（人工知能）の飛躍的な進化に驚かされました。

ちょっとした調べものをすると、そのレベルの高いことがわかります。もともとスピリチュアルな世界とインターネットとは相性が良いのです。例えば、体外離脱や除霊の方法を調べてみると、かなり具体的にここまでわかるのかというレベルで返ってきます。**ちょっと中途半端なレベルの能力者ですと、知識レベルではもう太刀打ちできないと思います**。

ただ気をつけなくてはいけないのは、自信に満ちた口調で間違ったことも返してくることです。ですから、巷でも言われていることですが、利用する側の知識レベルがやはり求められます。なんでもかんでも鵜呑みにしていると、痛い目に遭うこともあるのではないでしょうか。

そういえば、ＣｈａｔＧＰＴを開発したＯｐｅｎＡＩ社の最高経営責任者であるサム・アルトマン氏が来日しましたね。シリコンバレーの方は日本好きが多いのです。アップル創業者のスティーブ・ジョブスは禅に傾倒していましたし、オラクル創業者のラリー・エリソンの自宅には日本庭園があることで知られています。

日本はロボットというと、昔から鉄腕アトムとか、ドラえもんとか、人間と仲がいいものとして描かれることが多いと思うのです。その点、欧米ではロボットが人間に反旗を翻《ひるがえ》すといった文脈で描かれることが結構多い。

いずれにしても人工知能はますます進歩し、急激に時代が変わっていくことは避けられないことだと思います。

元グーグルエンジニアであるレヴァンドフスキ氏がAIを神とする宗教団体「Way of the Future」を2015年に設立しています。2021年に解散したようですが、こうした動きは、また様々な形、様々な地域で台頭することがあっても少しも驚くべきことではありません。レヴァンドフスキ氏はあるインタビューにこう述べていたそうです。

「雷を鳴らしたりハリケーンを引き起こしたりしないという意味では、AIは神ではありません。しかし、人間の数十億倍も賢い存在を他に何と呼べばいいのでしょうか」

先述したアンドロイド観音にしても、神仏は目に見えない存在でいろいろな姿に形を変えるものだと考えると、転生した一つの形だと言えなくもないのかもしれませんね。

第9章

あなたの知らない
ディープで
スピリチュアルな世界

ドアを開けたら時空を超えた世界へ一瞬で到達する――
そんなマンガのような世界が
宇宙人たちの間では昔から現実だったとしたら驚きますか？
他人の意識の中に入っていく密教秘伝のパワーや、
キリスト教のモチーフが実は十字架ではなかった話など、
まだまだ奥深いスピリチュアルの世界へようこそ。

キリスト教のシンボルは十字架ではなく魚だった⁉

ここまで、エネルギーや霊との付き合い方などを通して、自分の運をたぐり寄せる方法をお伝えしてきました。

もっとスピリチュアルな世界を知りたい、という方に、ここからは、もっとディープで面白いお話をしていければと思います。

全世界人口の半数以上がキリスト教かイスラム教に属していて、中東をはじめ世界の各地で宗教間の対立が問題となり、戦争や紛争が起こっています。**しかし、キリスト教の新約聖書、イスラム教のコーランのもとになっているのは、ユダヤ教の聖典、旧約聖書なのです。つまり、キリスト教とイスラム教というのは全く別のものというわけではない。**

これは海外の人にとっては常識ですが、意外に日本人は知らない人が多い。

初期のキリスト教のシンボルは十字架ではなく魚だった

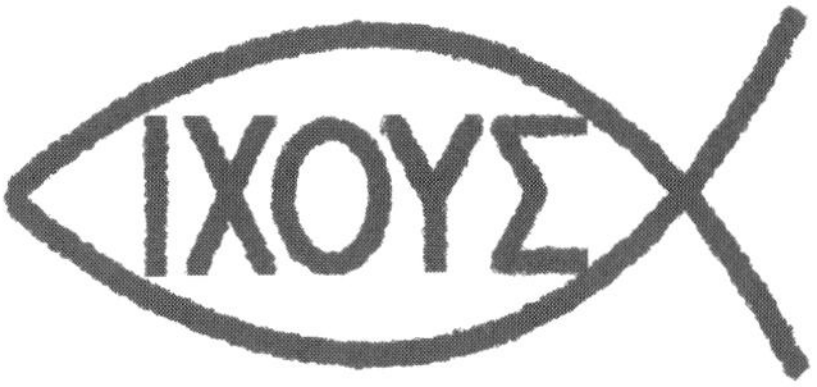

さらに驚くのは、**世界で最も信者の多いキリスト教ですが、イエス・キリストが実際に布教したのはたったの3年だった**ということです。

しかも、イスラム教や仏教と、キリスト教とではその布教活動の後ろ盾となる有力者が大きく異なります。

イスラム教でいえばマホメッドは裕福な商人でしたし、仏教のお釈迦様はもともと王子でしたから。もともとの支持層は裕福でインテリ層が多かったと言えます。

かたやキリストはと言うと、もともと大工です。**さらにキリスト教を広めた十二使**

徒はほとんど漁師の出で、初期のキリスト教のシンボルは十字架ではなく魚でした。

今のキリスト教のモチーフである十字架が使われるようになったのは、３００〜４００年経ってからと言われています。

有力な権力者といった後ろ盾がないにもかかわらず急速に広まったのがキリスト教の一つの特徴でもあります。

わずか3年ほどの布教活動で世界最大の宗教をおこしたイエス・キリストは地球史上でも最高の能力者だと私は思います。

日本でもキリスト教の伝来にまつわる歴史がありますが、それほどは広まらなかった。その理由の一つが、日本を侵略するために布教をしているのだということに、豊臣秀吉や徳川家康が気づいたからです。

南米でも宣教師がアマゾン川を遡上《そじょう》して布教をするという歴史がありましたが、あれも侵略のためでした。日本を乗っ取るための布教だと気づいたことで、キリスト教は弾圧されたわけです。

現実を変える!?
日本に伝わるチベット密教の二つの曼荼羅

チベット密教の曼荼羅《まんだら》は16種類ありまして、そのうちの二つ、金剛界曼荼羅と胎蔵界曼荼羅が空海によって日本に伝えられました。

日本で有名なのは金剛界曼荼羅です。

曼荼羅を前に行われる儀式にはマニュアルが存在します。

もちろん一般には公開されないので「密教」と呼ばれるわけですが、現実を変えるためのテクニックが存在します。それらが記されているのが密教の経典と呼ばれる物です。

曼荼羅を前にして、真言を唱える。**真言というのは呪文でもあり、音の波動です。**

このときに、仏像をイメージしていただくとわかると思うのですが、両手の指で多様な形をつくります。印を結ぶと言いますが、そうすることで仏様や菩薩様を曼荼羅の中に降ろしているのですね。

曼荼羅には、どこにどの仏様や菩薩が降りてくるのか、それぞれ場所が決まっています。極彩色でとてもきれいな曼荼羅は美術品としても流通していますが、実際は密教の儀式で使われる物です。

金剛界曼荼羅《こんごうかいまんだら》であれば仏様と菩薩様が37尊と数が決まっていて、それぞれ位置も決まっている。我々も、イメージで曼荼羅の中に入っていく。そして仏様や菩薩様から「印」を授かるという行法です。

密教の修業はたいへん厳しいことで知られています。寝ずに経を上げ続けるという修業はとても厳しい。睡魔と闘いながら、体調不良になる人もいて下手をすると命まで失ってしまいます。

そうした厳しい修業を経て、密教のマニュアルというか行法のテクニックを修得することで能力者になれる。

経典に則り密教の儀式を行うと、普段ならありえない現象が起こるわけです。

日本では「ベレンコ中尉亡命事件」という有名な話がありますね。

1976年9月6日に起こった事件ですが、当時のソビエト連邦軍の戦闘機ミグ25に乗って演習中だった一機が隊から突如離れて、領空を侵して函館空港に強行着陸した。

このとき日本政府から頼まれたある密教の阿闍梨が、リモートビューイングで操縦していたベレンコ中尉の意識の中に入っていって不時着させたと言われています。

結局当時、謎の最新鋭機だったミグ25は徹底的に分解され調査されました。そしてベレンコ中尉は本人の希望でアメリカに亡命します。


この事件は当時も大ニュースになりましたし、諸説はあるのですが、こういった超常的なことを行う方法が密教には伝わっています。実際に成功するかどうかは、行者《ぎょうじゃ》の能力に準じるわけですが、修業を積んだ人が行うそういった行法が密教にはあります。

ＵＦＯではない!?　宇宙人の遠距離移動に使われるスターゲイトとは？

当店のお客様はＵＦＯを目撃したという方が多いです。海で友達と2人でサーフィンをしているときに銀色の巨大なＵＦＯに追いかけられたとか、仕事帰りにタクシーを降りたら上空にＵＦＯがいたとか、田んぼの上にＵＦＯが浮かんでいたとか、そういった話です。皆さん、普通の方ですけど、ＵＦＯの目撃談はけっこう多いと思います。

極めつけはＵＦＯコンタクティの方です。単なる目撃者ではなく、ＵＦＯを呼ぶことができる人たちのことですが、かの有名なジョージ・アダムスキーが元祖とされています。

スマホで撮影した写真を見せてもらったことがありますが、相当な数のＵＦＯ写真が収められていました。間違いなく掲載されるので、専門誌に投稿するよう勧めておきました。

またロシアの宇宙飛行士６人が、金色に光る羽を持った天使のような集団を宇宙ステーションの窓から目撃しているのですが、それと同じような存在が九州の道場内で写っていたのには驚きました。

ＵＦＯの宇宙人とはテレパシーで会話するそうなのですが、どうでもよい内容の話ばかりです。今度遭遇した時には地球を訪れている目的や、地球は今後どうなるかといった質問をするように依頼しました。

ＵＦＯはけっこう墜落《ついらく》しているという話がありますよね。いちばん有名なのは１９４７年７月にアメリカのロズウェル付近にＵＦＯが墜落して、それをアメリカ軍が回収したというロズウェル事件です。北極圏や中央アジアにも墜落しているという話がある。

中央アジアに墜落したＵＦＯから、ロシアもかなり情報を収集しているとも言われています。

アメリカも最近になって未確認空中現象、UAP※として認めていますよね。実際に安全保障上、とても脅威になりますからアメリカの国防総省（ペンタゴン）はUFO調査部署を新設しました。　※2022年にUAUP（未確認航空宇宙・海中現象）に改名

かつてはUFOブームというものがありました。

でも私は、**UFOは昔から地球に来ていたのだと思います。そして古代の人から見ると、それが神様に見えた。**

神道の考え方で天孫降臨というものがありますけれど、先祖が天から降りてきたというのはUFOのことではないでしょうか。旧約聖書の一つ、エゼキエル書にも似たような記述がありますし、スピリチュアル好きで知る人は知っている「竹内文書」には、一日に世界を1周できる天浮船《あまのうきふね》が登場します。

ペルーで活躍した日本人実業家・天野芳太郎《あまのよしたろう》氏をご存じですか。彼が収集したイン

宇宙人は昔から地球に来ていた!?

カの織物や土器を収蔵しているリマの天野プレコロンビアン織物博物館に私は行ったことがありますが、まるで宇宙人のようなモチーフがたくさん展示されています。地球外生命体というか、もうグレイそのものでした。

日本にもそういう話があって、例えば江戸時代の常盤国の海岸に、異国の女性が乗った円盤が漂着したという「うつろ舟奇談」が知られています。これには空飛ぶ円盤説や、天竺（インド）の姫が流れ着いて養蚕《ようさん》技術《ぎじゅつ》をもたらしたという金色姫伝説など諸説あります。

この「うつろ舟」についての展示「不思議ワールドうつろ舟」が常陽《じょうよう》史料館という常陽銀行のギャラリーで開催されました。たとえ自分の目で実際に見たことはなくても、UFOはもう都市伝説で済ませられる話ではないと思いますよ。

国連に表彰されたこともある有名なイタリアのスピリチュアルコミュニティのセミナーに招待されたときに聞いた話ですが、**創設メンバーの博士が、知的生命体が存在する惑星が銀河系だけでだいたい1200万個くらいあると言っていました。**

考えてみれば、私たちの太陽系が属する天の川銀河だけで恒星が2000～4000億個あって、その恒星の周りに惑星が3倍ほどあると考えられています。知的生命体がいる惑星が1200万個あるとしても決して多いわけではないと思いませんか。ましてや宇宙人はいないと考えるほうが間違っているように思います。

宇宙人といってもひとくくりにできるものではなくて、色々な次元の宇宙人がいると考えるべきです。

宇宙天使といって、神様のような高次元の宇宙人がいれば、一方で侵略目的のヒト型爬虫類《はちゅうるい》のレプティリアンといった存在もいる。

カナダの元国防相であった故ポール・ヘリヤー氏がカナダ議会で証言した内容によれば、地球には82種族の異星人が訪れており、米軍で働いている異星人もいるそうです。ＳＦ映画でよく描かれるような世界が実はすでに現実化していると、考えている人もいるのです。

そして、**ＵＦＯはそういった宇宙人たちのあくまで短距離の移動のために使われているものです。惑星間を行き来するような宇宙人たちの超遠距離の移動には、スターゲイトという装置が使われています。**

要は、一瞬にして時空をワープしている。ＵＦＯに乗って惑星間を移動しているわけではありません。

地球にもスターゲイトがあって、一例を挙げるとピラミッドがそうですね。ピラミッドの内部空間を見ると通路とつながっていない、完全に閉鎖されている空間が存在するのです。先日発見された未知の空間も閉鎖されていました。石をすり抜けられる存在でなければ使うことができない空間があって、それを波動調整できるような知的生命体が時空間移動のためにスターゲイトとして使っている。

私もピラミッドの中に入ったときに、ここはスターゲイトだったなと思い出したことが実はあります。

以前、自分の過去生リーディングを受けたことがあるのですが、そのときに私は他の星からアトランティスが滅ぶところを記録する地球調査員として、スターゲイトを使って地球に来ていると言われたことがあります。それをピラミッドに入った時、感じたというか思い出しました。

先のスピリチュアルコミュニティのセミナーでは、講演者のイタリア人の博士が「エジプトのピラミッドは何だと思うか？」と聴衆に質問されました。私は真っ先に挙手して「スターゲイトです」と答えたところ、博士が満面の笑みで「その通り！」

とおっしゃったことがあり、やはりそうかと確信した次第です。

空海が無限の記憶力を得た秘密!?
予言の大元〝アカシックレコード〟とは？

１９９９年の７の月に恐怖の大王が降臨し、人類が滅亡するというノストラダムスの大予言が有名ですが、**予言や予知夢といった事象の元になっているのがアカシックレコードです。**

これは、過去、現在、未来のすべてが記録されている宇宙意識の記録です。元始からの事柄や感情などすべてが記録されているＤＶＤみたいなものです。

ＤＶＤは書き換えが可能なように、このアカシックレコードも書き換えができる。

つまり、世界はいろいろと変わるわけです。

時間の概念もありません。あるのは、「今」だけ。

アカシックレコードのどこに針を合わせるか、フォーカスポイントをどこにするかによって、「今」が常に変動する。

時間というものは線形で一方通行で、地球では時間はあることになっていますが、アカシックレコードには時間の概念はありません。

理論物理学者のアインシュタインも友人に宛てた手紙に「時間は存在しない」と書いていますし、特殊相対性理論では「静止している観測者から見ると、光速で移動している物体の時間は止まっている」と提唱されている。

古代エジプト文明もアトランティスも同時に並行して存在している、すべてが同時に存在しているというのがアカシックレコードなのです。

それを読むことができる人が予言をしている。当たらない場合もありますが、それは現実化しなかっただけで、その事象がなかったわけではないということです。

そして、アカシックレコードは日本とも密な関係にあることをご存じでしょうか。

空海が中国に渡航する前、高知県の室戸岬の洞窟にこもって修行を行いました。その修行というのが、虚空蔵菩薩《こくうぞうぼさつ》の真言を、一日１万回唱えることを１００日続けること、つまり１００万回お唱えし、心身を鍛える「虚空蔵求聞持法《こくうぞうぐもんじほう》」でした。

「ノウボウ　アキャシャ　キャラバヤ　オン　アリキャ　マリボリ　ソワカ」という真言を唱え続ける荒行です。

その修行を達成することで無限の記憶力が与えられて、見聞きしたことは決して忘れることがないとされる。空海はこの荒行を生涯で7回成し遂げたのですが、中国の経を完璧に記憶して帰国できたのは虚空蔵求聞持法を成満したからだと言われています。

さてここで「アカシックレコード」という言葉を紐解いてみましょう。

「アカシャ」とはサンスクリット語で「虚空」を意味します。また「レコード」とは英語で「記録の場所」を意味しますから「蔵」ですね。**アカシックレコードを日本語で言うと、「虚空蔵《こくうぞう》」となるのです。**

空海は虚空蔵菩薩の真言を唱え、通常の知識を凌駕《りょうが》した情報を得ることが可能になった。

それは、**虚空蔵菩薩求聞法という修行法を通じ、金星が口に飛び込んでくるという神秘体験を経て、虚空蔵菩薩と一体化して可能になったことだと、自身の自伝書『三教指帰』の中でも記しているのです。**

アカシックレコードには個人のものもあります。ですから、私のアカシックレコードも存在するわけです。

誰でも訓練を積めばリーディングができるようになると何年か前に騒がれたことがありますが、私もそう思っています。

実際にアカシックリーダーの能力者に話を聞くと、誰かを見るときに、初めは一つだった相手の過去世の映像画面が、二つ三つ四つとどんどん増えていって、最終的には60個位同時に見えるようになると言いますね。そのディスプレイの中に実際に入ってしまうこともあるそうで、そうすると音も聞こえてくるそうです。

表面的にディスプレイを見ている分には音は聞こえてこない。そして、それをどう解釈するかによって、実際に予言が当たったり外れたりするわけです。

本人しか知らないような過去を当てる人はやはり本物だと思います。予言はするけれども、それがアカシックレコードとは言わない霊能者もいます。そういった霊能者には高級霊がついていることがあります。その高級霊がなんでも教えてくれる。

そういった本物の能力者の特徴としては、お金を払って予言してもらいに来た人に対してもそ忖度をあまりしないということがありますね。過去生に悪いことが見えたら、それをそのまま相手に伝えてしまう。

厳しい人は本当に厳しいです。**逆に言うと、耳当たりの良いことしか言わないような能力者の予言には注意が必要かもしれません。**

お客様の中にも、高級霊が全部教えてくれるという方がいました。この人の場合は予知夢みたいなものでしょうか。高級霊がこの株をこれだけ買うようにと教えてくれたらしく、言うとおりに株を買って大儲けをして、とうとう家を建てました。百発百中だったようですが、家を建てたらピタッとその声が聞こえなくなったと言っていました。

輪廻転生というシステムは神様が作った奴隷制度？

生きているものが、生死を何度も何度も繰り返すことを輪廻転生と言います。一回限りの生ではなく、死後もなんらかの存在に生まれ変わる。そしてそれを何度も繰り返すことです。仏教の概念ですが、インドではそれより前から、このような考え方がありました。

また、仏教には解脱という考えがあります。これは人間を縛っているカルマ（業）から解き放たれることを指しますが、厳しい修業の先にある目指すべきものとして存在している。

私たちはもともとカルマの中にあって、普通に生きていては、そこから抜け出すことは難しい。難しいからこそ解脱は、仏教の修行や、密教の行法のゴールとして定められているわけです。

カルマから解き放たれることはとても難しいものではあっても、修行や行法によってそれは可能であるし、輪廻転生から抜けられるというのが一般的な考え方だと思います。

一方で、こういうとらえ方もあります。

紀元前６０００年前、メソポタミアに古代シュメールという極度に高度化した文明が栄えました。このシュメール文明が遺した粘土板に、アヌンナキという神が地球に金を掘りに来たと記されているのです。

これはどういうことでしょうか。

金を掘る労働力として人間を作った。そして、その人間が亡くなってもまた働いてもらうためにカルマというシステムを作り上げたとされているるのですね。肉体は滅んでも、魂はまた次の肉体に移る。それがぐるぐると繰り返される。それが輪廻転生だと言うのです。

要するに、労働力として奴隷として人間を永久に閉じ込めてしまったことになります。

シュメールの粘土板は今なお解読が進められていて、旧約聖書の内容も、古代シュメールの粘土板から取ったのではないかという説もあります。シュメールの粘土板は旧約聖書だけでなく、世界のいろいろな聖典のベースになっているのではないかと言われるほど重要視されているのです。

スピリチュアル的には、**輪廻転生というのは高次元の神様のような存在が地球をコントロールするために作った、地球に人間を留めるためのシステムだった**と言えるでしょうか。

特別編

世界の聖地のパワーを転写！
ピラミッド・マチュピチュ＆
ナスカ・ルルド・分杭峠
オリジナルパワーフォト

物に聖地のエネルギーが蓄えられるように、
聖地を写した写真にもエネルギーが宿ります。
世界の聖地まで実際に足を運び、
撮影したオリジナルフォトだからこそ実感できる
ビリビリくるエネルギーの強さを、
撮影時の裏話と併せてお楽しみください。

世界屈指のパワースポットを写した
エネルギー写真を見ただけで
起こることとは？

土地にはそれぞれ固有の力があり、国内外の聖地と呼ばれるパワースポットには計り知れないエネルギーが秘められています。

また、物にはエネルギーを蓄える性質があるので、聖地が秘めるパワーをパワーストーンをはじめパワーグッズに蓄えることで、高級霊など高次元な存在の力を借りながら、自宅でもポジティブな引き寄せが起こる可能性を高めることができます。

では、聖地を写した写真にはエネルギーがあるのかどうか、気になる方もいるでしょう。

答えを先に述べれば、**写真にもとても強い力を秘めたエネルギー写真というものが存在します。**

エネルギー写真は大変な人気を誇るパワーグッズです。

例えば、**何気なく来店されたお客様が店内に飾られた一枚のエネルギー写真の前で立ち止まり、動かなくなるということが実際にあるのです。**

それは、霊的に敏感な人に限った話でもありません。その人が、その時に必要とするエネルギーというものが一枚の写真に宿っているからこそだと私は思います。

この特別編では、実際に私がこれまでに訪れたピラミッドやペルー(マチュピチュ・ナスカ)、ルルド、分杭峠といった世界屈指のパワースポットの写真を紹介します。

敏感な方が見るとビリビリと眉間に感じる写真もあります。

なにより、まだお客様にも見せていない未公開写真を含めたエネルギー写真も公開します。

まずは先入観なしにページをめくって写真の持つ力をどうぞ見て感じてください。

パワーストーンを選ぶ時のように、自分好みのピンと来る写真がきっと見つかるはずです。

それこそがあなたにとっての一枚、貴重なエネルギー写真になるでしょう。

ピラミッド

冬至のピラミッド
現存する唯一の"古代世界の七大不思議"

女王の間でのオーバーシャドウ
奥に写る人物の"ぶれ"は
ピラミッドの波動が高いことの証

神官とピラミッド（ホルス神殿）

神官が持つ三角形はピラミッドパワー！

アセンション通路

上へ行くほど次元が高い内部通路

王の間の石棺

ビリビリと強力なパワーを実感中

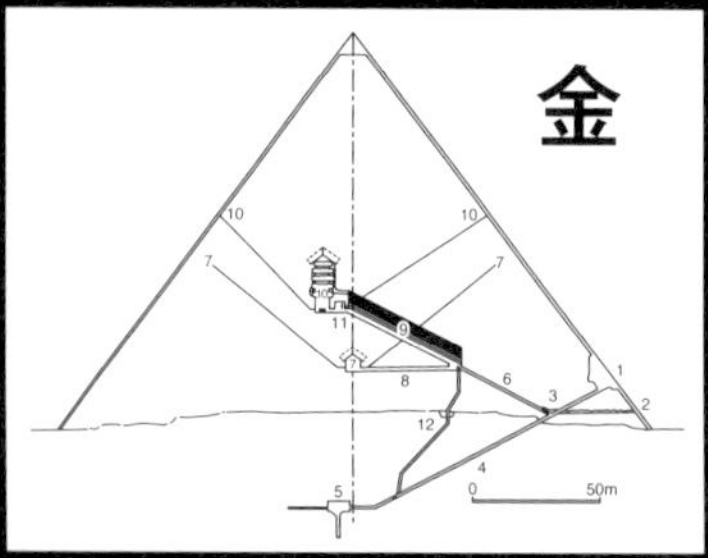

ピラミッド断面図

漢字の「金」にそっくり

女王の間でピラミッドパワーを石に転写する筆者

ピラミッドを貸し切ったからこそできた儀式

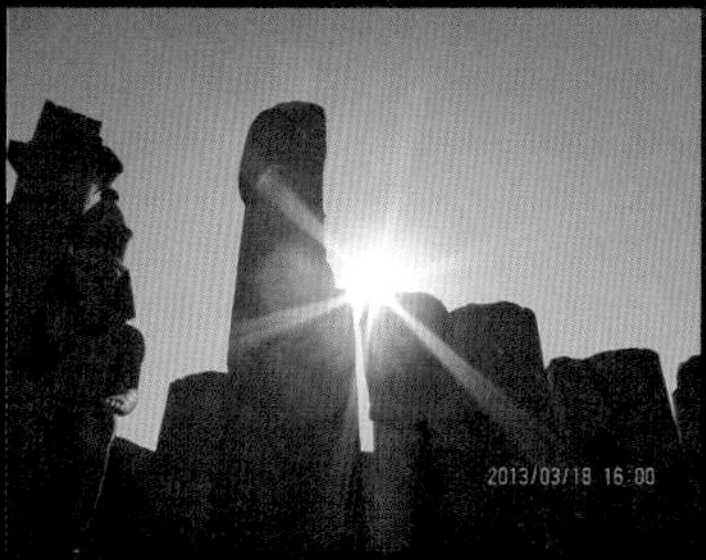

ルクソール神殿の太陽神

太陽神アメン・ラーのエネルギー写真

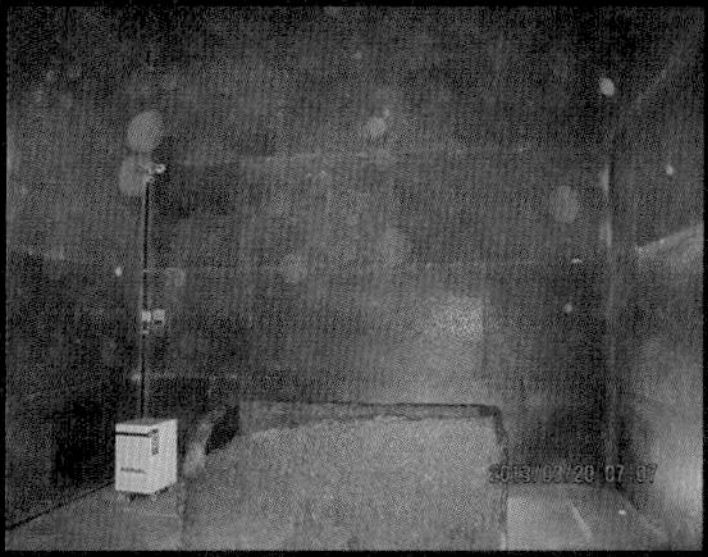

王の間のオーブ

ピラミッド建設に携わった人たちの
オーブが多数写った

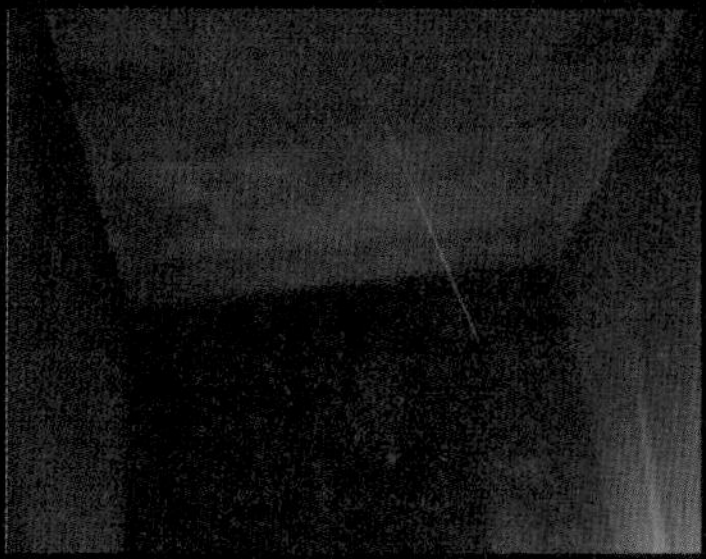

王の間の高速発光体

何かがいる――それが写った！

鳳凰とピラミッド
ピラミッド上空に鳳凰が浮かぶ！

冬至のピラミッドオーブ
歓迎する御霊が
雪のように降りてきた！

マチュピチュ＆ナスカ

マチュピチュ遺跡
アンデス山脈上になぜそれは
築かれたのか――

マチュピチュの
エネルギー体（太陽の神殿）
虹色で菱形のエネルギー体が多数！

クスコの12角石と著者

「剃刀の刃1枚も通さない」

ナスカの地上絵

鳥や動物モチーフのものは実は全体の1割ほど

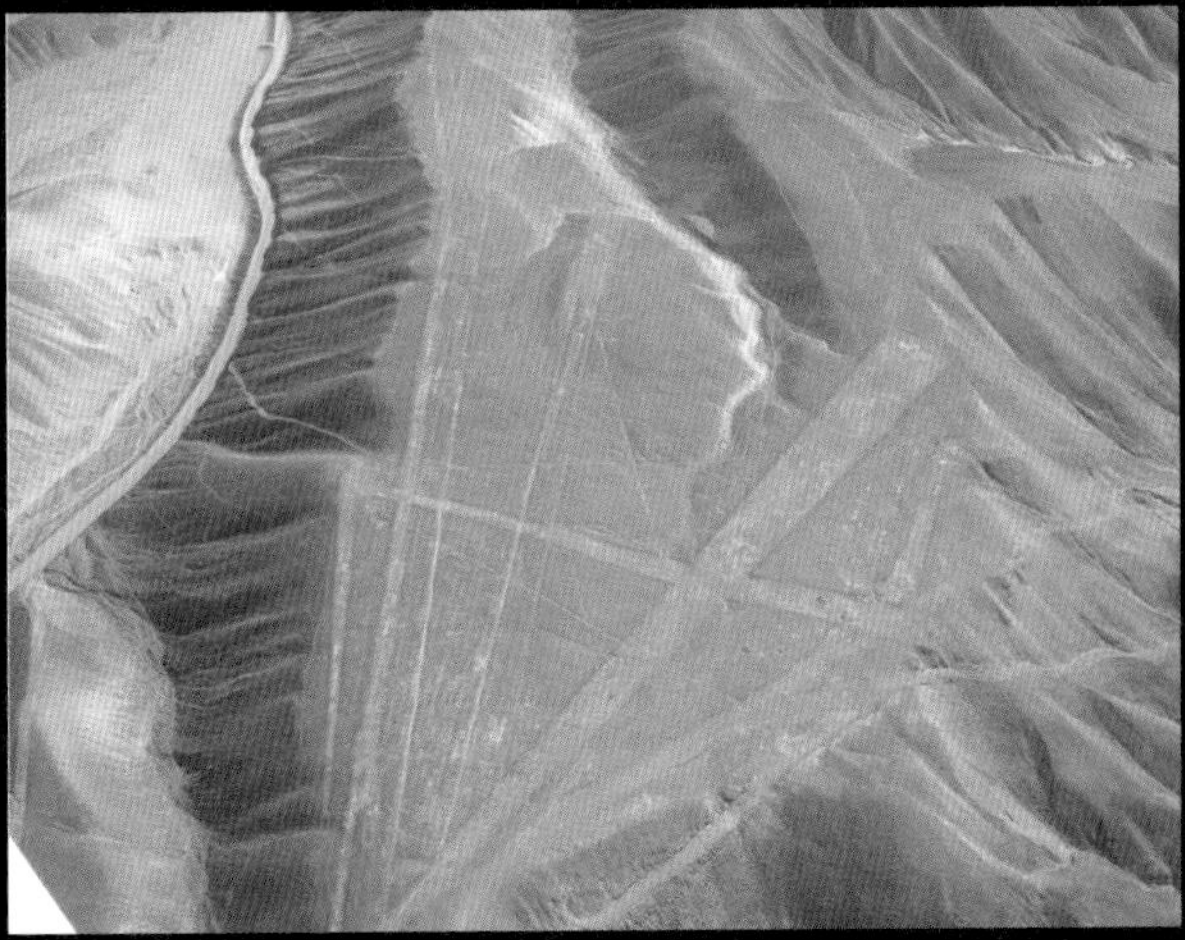

ナスカの地上図形（ナスカライン）
UFOの滑走路だったという説も！

チチカカ湖
太陽の島と月の島が浮かぶ

インティ・ライミ
太陽神インティを祀る南米三大祭り

サクサイワマン遺跡
巨大な3層の石組に注目

ルルド

ルルドのマリアブルー光線
ドーム内を貫く青い光線
“マリアブルー”

ルルドの聖堂
青い光はドームの中心に位置する
十字架からの光線だと判明

ロウソク行列
讃美歌を唄いながら
皆が一歩一歩歩みを進める

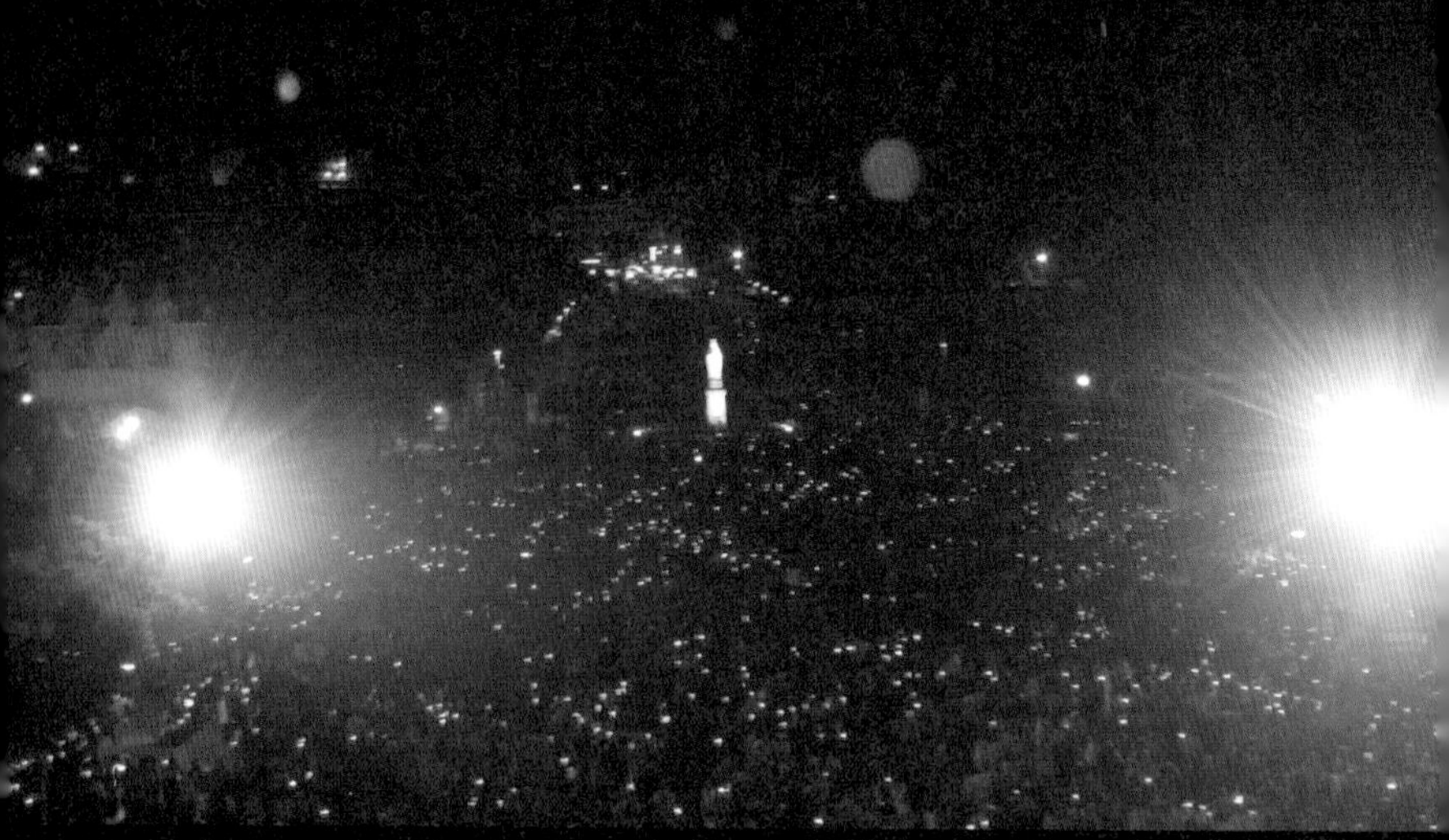

ロウソク行列と天界オーブ
ミサ終了後の夜空にオーブが多数写った！

奇跡の光線写真

ドラゴンと大天使ガブリエル、
マリア様からの光線が写る
奇跡の1枚

ルルドの泉

たまたま誰も人が
いなかった時の1枚

聖地ルルド「奇跡の波動写真」
ルルドの上空に"天国の入り口"が現れた!

秋分のルルド大聖堂
マッサビエルの洞窟や
ルルドの泉が奥に控える

分杭峠

移動する発光体（撮影：ST氏）
時間とともに移動するUFO！

ノイロメーターによる
体内電流測定
電流の強い場所と弱い場所があって
常にそれが移動していた！

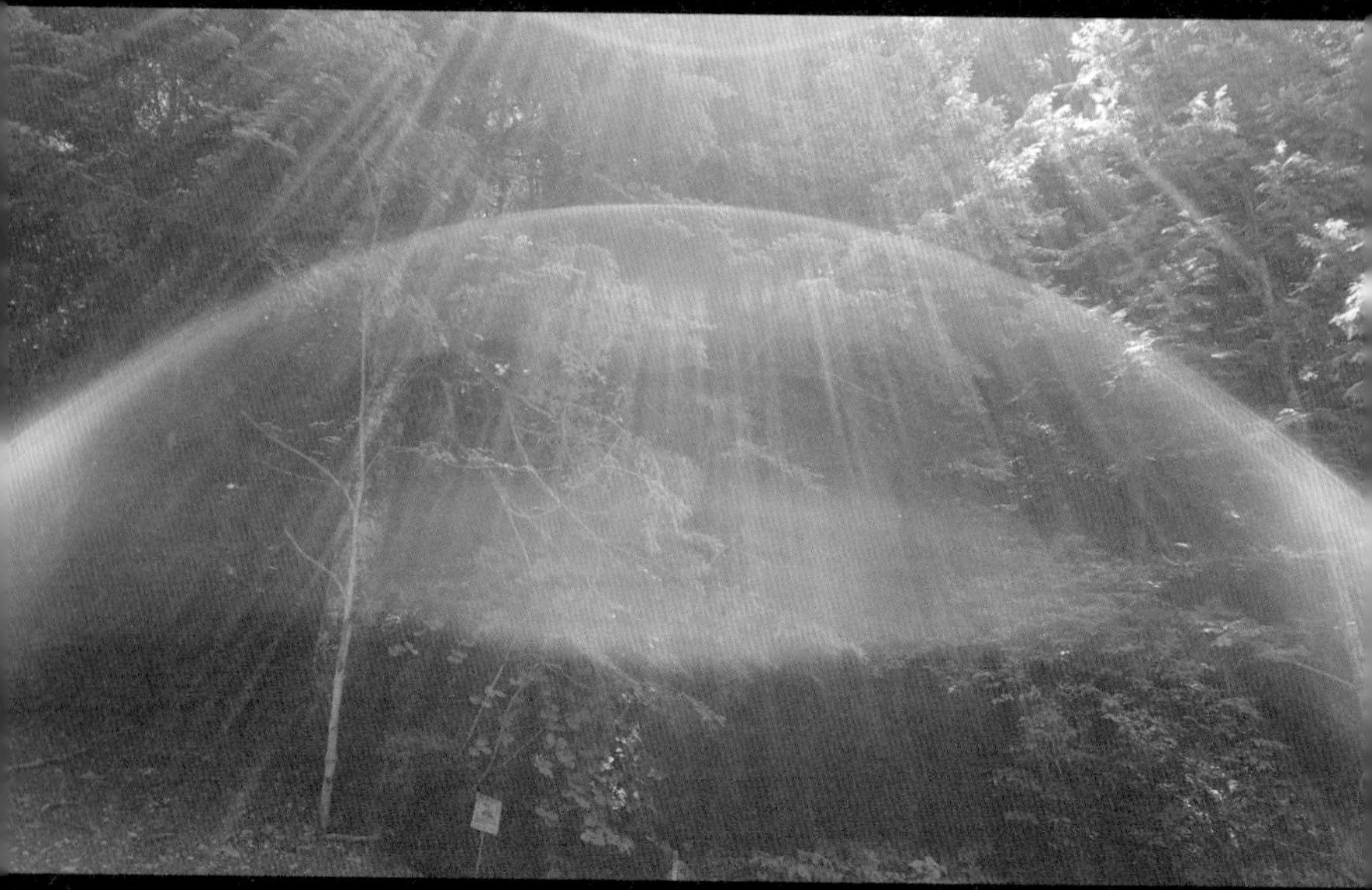

気のカーテン
傘状に"気のカーテン"がかかった！

エネルギー写真
色や形が異なる
様々なエネルギーが！

運気上昇のエネルギー
水汲み場付近は
エネルギー写真がよく撮れる

龍脈のエネルギー写真
（撮影：ST氏）
“白龍”が写り込んだ！

気場のエネルギー写真

分杭峠は肉眼では見えないものが写る土地——

分杭峠の石碑

分杭峠

ここからは、カラーページで紹介したピラミッド、ペルー、ルルド、分杭峠の写真について撮影時の裏話など、それぞれ解説をします。

ピラミッド

ピラミッド内部にカメラを持ち込むことは原則できないため、エジプト政府より撮影許可を得た上で撮った特別な写真です。

「冬至のピラミッド」

これは、２０１３年12月21日の冬至に撮影したクフ王のピラミッドです。紀元前２５００年頃の古代エジプト第４王朝の王、クフの墓とされています。空が青く突き抜けているので、夕方には見えないかもしれませんが午後4時ごろに私が撮りました。ギザ台地に建設されており、ギザのピラミッドとも呼ばれます。何度か大地震を経ても、内部にひび割れなどの損傷は見当たりません。現在の最先端技術をもってしても、同じようには決して建造することができません。古代世界の七不思議の一つであるのと同時に、現存する唯一の巨大建造物です。ピラミッドパワーを帯びた希少なエネルギー写真です。

「女王の間でのオーバーシャドウ」

この女王の間の写真は、テレビ番組でも紹介されたことがあります。左側手前の人物は鮮明に写っていますが、奥に写っている私とエジプト人のガイドの2人がぶれているのがわかりますか。

これはオーバーシャドウといって、肉体と空間の波動とが違い過ぎる場合に起こる現象です。ピラミッドの波動が、人間の波動と比べて明らかに高いから写真に写るわけです。特に、ここは女王の間といって、ピラミッドのちょうど中央に位置する特別な場所ですから波動の高さは疑いようがありません。

「神官とピラミッド（ホルス神殿）」

これは、ホルス神殿のレリーフ（浮彫り細工）です。神官が両手で持っている三角形があると思いますが、なんだと思いますか。これはピラミッドなのですね。ヒエログリフ（象形文字）のピラミッドは別にして、レリーフとして描かれている唯一のピラミッドだそうです。

このピラミッドは、非物質のピラミッドだと考えられています。つまり、エネルギーとしてのピラミッドを神官が扱っているというレリーフになるわけです。古代から、非物質としてのピラミッドパワーが扱われていたことを示す貴重なレリーフです。

「アセンション通路」

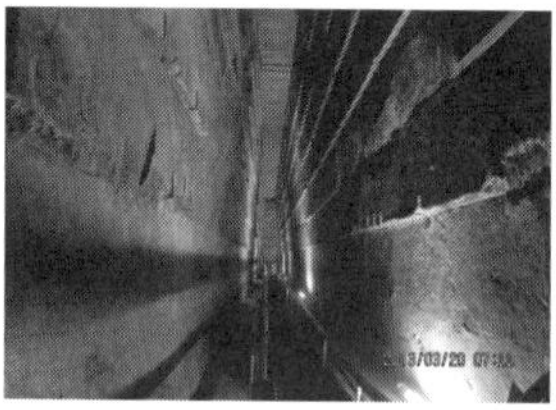

ピラミッド内部の大回廊と言われる通路を撮影した一枚です。巨石が8メートルほど積み上げられ、かなり高い。

この通路はアセンションをするために使われていたんですね。古代エジプトでは、アセンションするための宗教的な儀式がこの通路で行われていました。そして上へ行くほど次元が高くなっており、段階に応じて儀式が行われていたと思うのです。この写真もエネルギーの力がかなり強い一枚です。

「王の間の石棺」

王の間に石棺があるのですが、そこに試しに寝てみたという一枚です。ナポレオンやアメリカの女優であるシャーリー・マクレーンはピラミッドの中で一泊したことがあるそうですが、ここで寝たのではないかと思いながら、横になってみました。

周りが花崗岩ということもあるのでしょうが、とても強いビリビリした感じを覚えましたね。

「ピラミッド断面図」

辞書で調べるとピラミッドは「金字塔」とあります。その形状を示している図ですが、見てください。見た通り、「金」という漢字の語源になっていることがわかります。

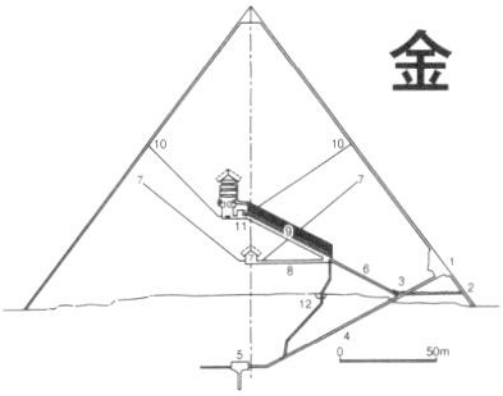

最上層に王の間、その下に女王の間、そして地下の間と三層構造になっていて斜めに通気口が通っています。これは漢字の「金」と同じ構造ですよね。事実、古代エジプトは黄金文明でもありました。

「女王の間でピラミッドパワーを石に転写する筆者」

ピラミッド型の石を大量に持ち込んだ時に撮影した写真です。9個並べて、ピラミッドのパワーを石に転写しています。左手にのせているのは分杭峠のエネルギーを転写したジェネレーターで転写効率を高めるためのものです。

「ルクソール神殿の太陽神」

これはピラミッドではなく、ルクソール神殿の石柱です。ルクソールは太陽神アメン＝ラーを崇めた古代エジプト新王朝時代の都テーベがあった場所です。

夕方に撮影しましたが、太陽の光がレンズフレアで様々な色に光っています。太陽神アメン＝ラーのエネルギーが写ったパワー写真です。

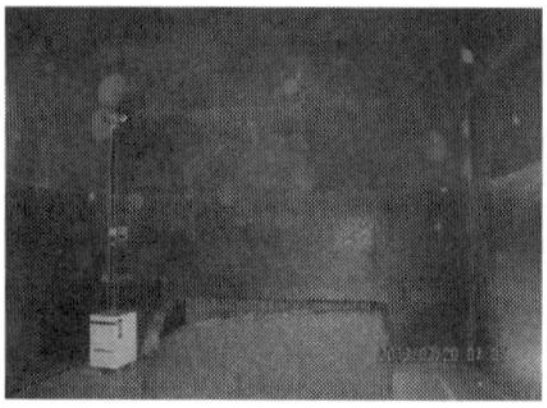

「王の間のオーブ」

ピラミッドを貸し切って召喚の儀式を行ったときに、王の間で撮影した時の写真です。これもピラミッド建設時に携わった人たちのオーブがたくさん写っています。

「王の間の高速発光体」

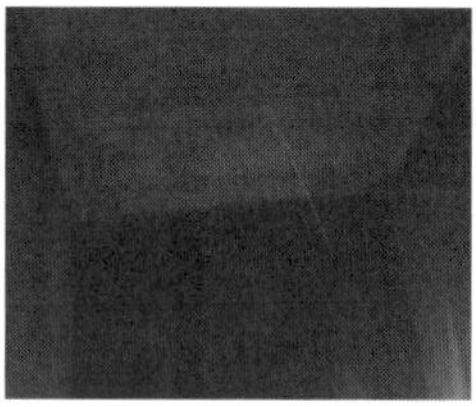

この写真も、王の間で召喚の儀式を行ったときに撮影した一枚です。

1回目の儀式の際、そこに立ち会った全員が、何かが飛び回っていると強く感じていました。

初めは虫でもいるんじゃないかと思ったのですが、虫がいるわけがない。ではなんだとなるわけです。

そして2回目に訪れたときに初めて発光体が飛んでいるのがわかったというか、実際に写ったのです。これは動画にも収めていて、はっきりと高速で動く発光体が映っています。やはり、そういった高次元の存在が、いまだに活動しているのがピラミッドです。

「鳳凰とピラミッド」

これも夕方に撮影した一枚です。とても珍しい形をした雲があるなと思いながら撮って後々見てみたら、雲が鳳凰だったのですね。珍しい雲の写真はいろいろあっても、ピラミッドと鳳凰の組みあわせというのはなかなかあるものではありません。

感じる力が強い方がこの写真を見ると、眉間にビリビリ来るとよく言われます。相当に強いエネルギーが出ている写真だと思います。

「冬至のピラミッドオーブ」

ピラミッドを貸し切って、トート神を召喚する儀式を行ったあと、ピラミッドの外で夜に撮った写真です。まるで雪が降っているかのように無数のオーブが写っています。

この写真を霊能者に鑑定してもらったところ、ピラミッドの建設に当時、携わった人たちの魂だと。要は私たちを歓迎する意味で御霊《みたま》が現れたのだと言われました。

マチュピチュ＆ナスカ

なぜ隔絶された山脈上に高度な古代都市は築かれたのか？　広大な地上絵を描いたのは誰か？　謎が謎を呼ぶマチュピチュとナスカに迫ります。

「マチュピチュ遺跡」

アンデス山脈の標高2400メートルの隔絶された

地に突如、姿を現す世界遺産、それがマチュピチュ遺跡です。インカ帝国時代のものとされていますが、何のために築かれたのかは、いまだ謎です。

「マチュピチュのエネルギー体（太陽の神殿）」

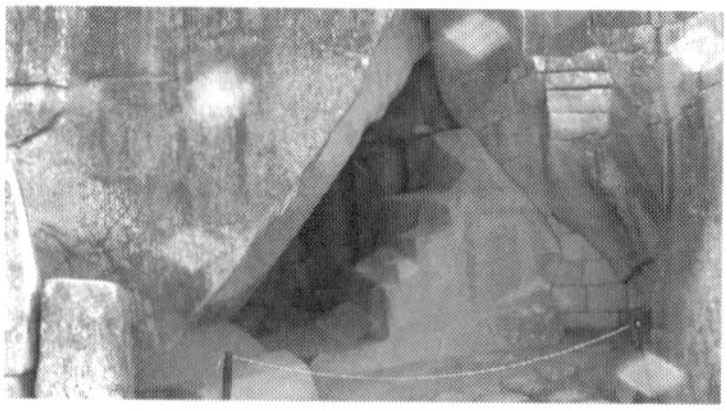

太陽の神殿は、マチュピチュの中でもいちばんのパワースポットです。上に下に、虹色をしたひし形の物体が写っているのが見えるでしょうか。専門家に鑑定してもらったのですがわからないと言われました。私は宇宙的なエネルギーが写ったのではないかと思っています。いずれにしても、これはかなりのエネルギー写真ですね。

「クスコの12角石と著者」

「剃刀の刃1枚も通さない」と称されているのがインカの石壁です。中でも有名なのがこの12角石。石壁は下から積み上げていきますが、これはどのように組み上げたのか全くわかりません。想像の範囲を超えています。

「ナスカの地上絵」

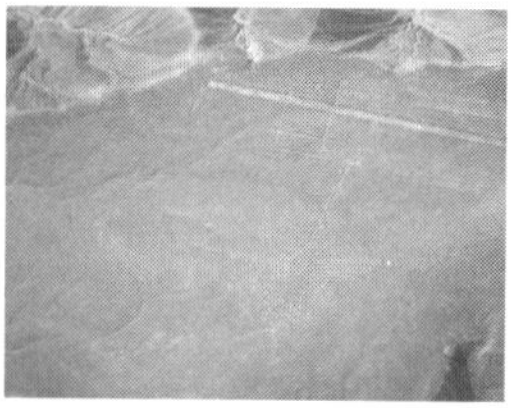

ナスカの地上絵の中でも有名なハチドリの絵です。ほかにもコンドルや動物、宇宙人の絵が印象的ですが、そういった絵はナスカの地上絵全体の1割くらい

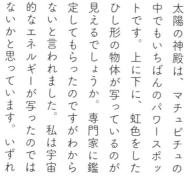

です。

「ナスカの地上図形（ナスカライン）」

こちらは絵ではなく、ナスカラインと呼ばれる図形。ナスカの地上絵のおよそ9割はこういった圧倒的スケールの線形図形になります。遊覧飛行機は上空高くを飛びますが、そこから見た印象はやはりとても人間の手によるものとは思えない規模です。

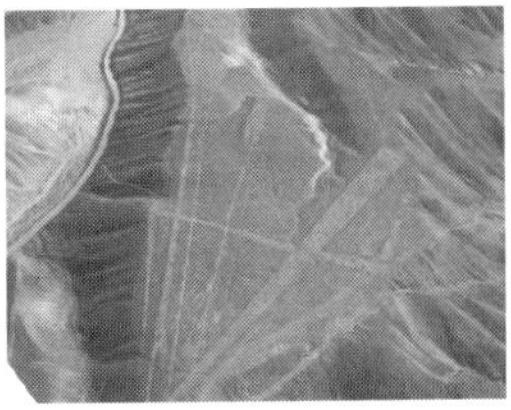

「チチカカ湖」

標高3900メートルに位置するチチカカ湖。広さは琵琶湖の12倍ですから巨大です。チチカカ湖には、太陽の島と月の島という小さな島が浮かんでおり、どちらも聖地とされています。インカは太陽を崇めますから、クスコから見て東、太陽が昇る方角に位置する島々を聖地にしたとも言われています。

「インティ・ライミ」

インティ・ライミは南米3大祭りの一つで、毎年6月24日の冬至の時期にインカ帝国の首都であったペルーのクスコで行われています。「インティ」が太陽、「ライミ」が祭りを意味し、太陽神インティを祀る太陽のお祭りです。

20万人が参加するのでかなりの規模です。観光客も見物できますが、現地では聖なる儀式とされています。私は最前列に石を持ち込んで見物しました。ずっと音楽が演奏されているのですが、民族衣装を

着た現地の方の踊りの迫力がすごい。以前は生贄《いけにえ》の儀式がありましたが、今は簡略化されています。

「**サクサイワマン遺跡**」

1200年代~1500年前半まで、インカ帝国の首都だったクスコから200メートルほど坂道を上がったところにサクサイワマン遺跡があります。3層の巨大な石組が残っています。インティ・ライミの最後の舞台となるのがこの遺跡です。

ルルド

カトリック最大の巡礼地にしてヨーロッパ最高のパワースポット。宗派を問わず奇跡が起こる、静謐ながら強大なエネルギーを感じられる聖地です。

「**ルルドのマリアブルー光線**」

「**ルルドの聖堂**」

私が初めてルルドを訪れたときに撮影した一枚です。撮ってみたら青い光線がはっきりと写っていました。肉眼ではその光は見えていなかったのです。そして、この写真を見てこの青い光がどこからどこへ向かっているものかもわからなかった。そして2回目にルルドを訪れて、外から教会を撮影したときにあの青い光がドームの中心に立つ十字架からドームへ降り注いでいるということがわかったのです。このマリアブルーの1枚はとても強力なエネルギー写真で、ヒーラー

の方がこの写真を使ってヒーリングを行っています。

「ロウソク行列」

「ロウソク行列と天界オーブ」

ルルドでは4月から10月まで、毎晩ろうそく行列が行われます。誰でも参加でき、皆がろうそくを持ち、讃美歌を唄いながら一歩一歩、歩みを進めます。

この2枚はその最中と、ミサ終了後に撮ったものです。終了後の写真にはオーブが多数写っています。ミサの最中に神霊や天使が降りてきて、儀式が終わったとたんに帰っていくわけです。

ミサの最中にはわかりませんでしたが、ミサが終わると昇天するオーブがカメラのファインダー越しに見えましたし、ヒューッと夜空に昇っていく様子がこうして写っているわけです。なんとも不思議な体験でした。

「奇跡の光線写真」

聖母マリアが出現したマッサビエル洞窟前での一枚です。実はこれ、相当なエネルギー写真なのです。

当時、聖母マリアが出現したその場所にマリア像が立っています。左側の岩の壁から、龍の頭がニョロっと出ているのがわかりますか。体は岩の中に入っていて見えませんが、顔や角が見えますよね。実際に現地で撮影した時にも、この岩の模様は見えているわけですが、龍には見えていない。帰国し、当店のお客様の霊能者がこの写真を見て「これは龍だ」と言って、

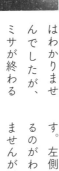

同じくお客様のカトリックの能力者からは「これはドラゴンだ」と指摘されたわけです。そう言われてみると確かにそうですよね。

さらに、マリア像の右斜め下には、人間の顔らしきものが写っているのがわかりますか。向かって左目、鼻、口、が浮かび上がっています。これは大天使ガブリエルだと言われました。

つまりこの写真には、ドラゴンと大天使ガブリエルと、マリア様からの光線が写っているのです。

マリア像からの光線を見てください。マリア様から癒しのエネルギーが注がれているのですが、右下の男性の前から背中に光が突き抜けています。背中側だけ光っているのであればライトの反射光とも考えられますが、前からも光が入っています。角度的にマリア様からの光が体を貫いているわけです。

右下の男性にその後どのようなことが起こったのか、ぜひ聞きたいところではありますが、願い叶わぬまま今に至っています。

「ルルドの泉」

ルルドの泉は水の流れ幅が15センチくらい。常に大勢の巡礼者で賑わっていますし、聖域中の聖域なのでカメラを出せる雰囲気ではありません。これは、たまたま誰も人がいなかった時の一枚です。

「聖地ルルド『奇跡の波動写真』」
「秋分のルルド大聖堂」

マッサビエルの洞窟には、その奥にルルドの泉があることもあってルルド大聖堂の前には常に巡礼者が殺到しています。下の遠景写真は秋晴れの日、大聖堂を写したものです。

一方、ルルドの空を映した写真は早朝に撮影した一枚です。ピレネーの山々の上空、厚い雲に挟まれた空に注目してください。能力者の鑑定によれば、時空の切れ目とも、光り輝くドラゴンとも言われましたが、次元が異なる何かを空に感じませんか。

この写真は、エネルギー写真の中で最もお客様に人気のものです。病気の症状に苦しむ方々のご家族や友人が、病気平癒を願って購入されていきます。そして入院している方の病室に飾られています。この写真をまさに天国の入り口のように思われ、そう解釈をしている方も少なくありません。

分杭峠

約2200年前から封印されてきたとされるエネルギー満ち溢れる日本の聖地。気場や水汲み場など場所を変え、目に見えないものが写り込みます。

「移動する発光体」（撮影：ST氏）

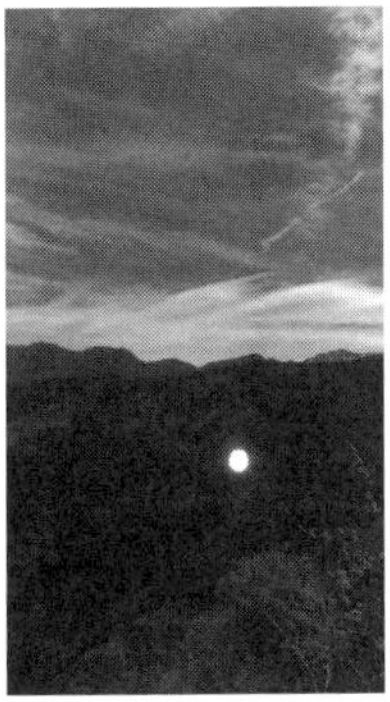

この2枚は私が撮った写真ではありません。山の斜面に光る物体が写っています。それが時間とともに移動していることを示している写真です。何かの光がここに転写されて

いるのではなく、これはもう間違いなくＵＦＯだと私は思います。

「ノイロメーターによる体内電流測定」

分杭峠に工学博士がノイロメーターを持ち込んで体内を流れる電流を測定したことがあります。その

結果、分杭峠には強い場所と弱い場所があって、それが常に変動しているということがわかりました。

「気のカーテン」「エネルギー写真」「運気上昇のエネルギー」

この3枚はいずれもエネルギー写真になります。最も印象的なのは、第二の気場で撮影した傘状にカーテンがかかったように気が写っている写真です。これだけはっきり写っていますが、撮影したときには、このようなものは何も見えていません。

気場にはエネルギーが満ちているので、エネルギー写真が撮れることが多いです。左下の「運気上昇のエネルギー」もそうですが、特に水汲み場付近でよく撮れます。この写真の場所は水汲み場へ行く道で、かつてはちょうどここで土砂崩れがありました。

「龍脈のエネルギー写真」（撮影：ST氏）

この横断するように写っているのは気というより白龍だと考えたほうが正しいでしょう。

撮影した場所は「第3の気場」と呼ばれるシャトルバスのチケット売り場の中です。ここには分杭峠で撮影された不思議な写真がいろいろと展示されているのですが、白い龍のような模様が、エネルギー体として写り込んだものと思われます。

「気場のエネルギー写真」

「分杭峠」「分杭峠の石碑」

このエネルギー写真は私が分杭峠の気場で撮影したものです。カメラの光学現象ではあるのですが、やはり分杭峠は特異な空間です。実際に肉眼で見えないものがいろいろな形で写り込む土地、それが分杭峠です。

おわりに

肉眼で見ることのできない不思議な現象や云《い》い伝えになぜだか惹かれ、これまでおよそ50年近くスピリチュアルな世界で生きてきました。科学では説明がつかない現象というものはそれこそ世界中にあり、古くから云い伝えられてきました。

霊的見地からしますと神仏はその名を呼ぶだけで降臨されると言われています。呼ぶ者が1人であっても、10億人であっても、制限なく同時に召喚することができます。それはありがたいことですが、**呼ぶ側が邪気にまみれ、霊的感度が低ければご利益にあずかることはなかなか難しくなってしまいます。**

銀座に店をかまえて8年になりますが、店を開いた当初は開店する意義のようなものを考えたことはありませんでした。最近ではこう思うようになりました。

うちのお店の役割の一つは、お客様の霊的感度を上げることだ――。

霊的感度が高ければ、自分が信じている神仏の力にあやかることができます。感度が上がれば、神仏を呼ぶことも簡単になりますし、神仏が自分をサポートしてくれます。目的の達成や、願望の実現に向けて、大変大きな力を発揮してくれるのです。

これまでいろいろなお客様の話を伺いながら、世の中にはなんて不思議な現象が多いのだろうと思い続けてきました。超古代の文明、宇宙意識、地球外生命体まで、時空をあちらこちら縦横無尽に飛び回りながらスピリチュアルな世界の最前線をお伝えできたとすれば筆者としてこのうえない喜びです。

スピリチュアルパワーの恩恵によって、お客様の日々に少しはお役に立つことができればという想いで、また今日も店を開けます。銀座にお越しの際には、ぜひお立ち寄りください。

2023年7月吉日　　著者記す

邪気払いの法則

発行日　2023年8月10日　第1刷

著者　山﨑偉晶

本書プロジェクトチーム

編集統括	柿内尚文
編集担当	入江翔子
編集協力	安藤伸剛
デザイン	喜來詩織（エントツ）
イラスト	はらゆうこ
DTP	ユニオンワークス
校正	脇坂やよい
営業統括	丸山敏生
営業推進	増尾友裕、綱脇愛、桐山敦子、相澤いづみ、寺内未来子
販売促進	池田孝一郎、石井耕平、熊切絵理、菊山清佳、山口瑞穂、吉村寿美子、矢橋寛子、遠藤真知子、森田真紀、氏家和佳子
プロモーション	山田美恵、山口朋枝
講演・マネジメント事業	斎藤和佳、志水公美
編集	小林英史、栗田亘、村上芳子、大住兼正、菊地貴広、山田吉之、大西志帆、福田麻衣
メディア開発	池田剛、中山景、中村悟志、長野太介
管理部	早坂裕子、生越こずえ、本間美咲
マネジメント	坂下毅
発行人	高橋克佳

発行所　株式会社アスコム

〒105-0003
東京都港区西新橋2-23-1　3東洋海事ビル
編集局　TEL：03-5425-6627
営業局　TEL：03-5425-6626　FAX：03-5425-6770

印刷・製本　株式会社光邦

Printed in Japan ISBN 978-4-7762-1301-7